BIENVENUE À LA KHANTOCHE

ISBN : 978-2-412-07038-3
Dépôt légal : septembre 2021
Imprimé en Belgique

Direction éditoriale : Marie-Anne Jost-Kotik
Responsable éditoriale : Rose-Marie Di Domenico
Édition : Julie Mege
Direction artistique : Lisa Magano Benziane
Mise en page : Salomé Joron et Élodie Bourgeois
Relecture : Stéphane Deschamps
Photographies : François Vallée
Illustrations : Alizée T

CHEEZ NAN

BIENVENUE À LA KHANTOCHE

Illustrations de Alizée T
Photographies de François Vallée

F1RST
ÉDITIONS

AVANT-PROPOS

Si un jour on m'avait dit que j'écrirais la préface de mon propre bouquin, mon cerveau n'aurait même pas produit le commencement du début de l'image de cette idée, tant le destin m'avait envoyée loin de cet accomplissement. Aussi loin que je me rappelle, je me suis toujours diminuée, sapée, caricaturée, infériorisée, délégitimée... autant de qualificatifs témoignant de l'estime que je me portais à moi-même. Je n'explique pas vraiment d'où tout cela vient... Certainement un cocktail de plein de facteurs historico-culturels. Mais si les coutumes ont tendance parfois à poser certaines barrières entre les époques et les personnes, elles peuvent aussi se révéler une formidable passerelle.

C'est d'une farce que l'aventure de ce livre a commencé. Un running gag qui devient « éditable ». Depuis 4 ou 5 ans, je publie quasi quotidiennement mes repas de famille sur Insta avec pour seul objectif la volonté de partager. Et voilà qu'un de ces quatre matins, je reçois une demande de First Éditions. Comme dans une série B d'après-midi pluvieuse sur M6, une de mes abonnées fait connaître à sa hiérarchie mon journal de bord culinaire virtuel contenu dans mon arobase et retient l'attention du service. Autant vous dire que ma surprise est totale. Mon naturel commence d'abord par chasser l'idée et croit à une farce, puis mon profil psychologique me souffle que j'en suis incapable et enfin, une fois la possibilité d'écrire envisagée, c'est le syndrome de l'imposteur qui pointe déjà le bout de son nez. Heureusement, mon entourage m'a vite dissuadée de laisser passer cette opportunité.

C'est donc humblement que je partage avec vous dans ce livre mes recettes et souvenirs familiaux. Il s'agit de cuisine culturelle, historique, d'archéologie gastronomique, de nourriture généalogique. Pas d'inquiétude, ce n'est pas du cannibalisme. Ce n'est pas non plus de la gastronomie au sens strict du terme... Je ne suis pas cheffe, je n'ai jamais travaillé comme commis pour

une adresse étoilée, et comme le dirait mon fils aîné « maman, tes plats sont bons mais tes desserts sont éclatés au sous-sol ». Toutefois, chaque recette de cette sélection non-exhaustive est assurément empreinte d'âme et de dévouement. Le dévouement à ma famille pour faire de chaque moment passé ensemble un cadeau. L'art de recevoir et d'échanger, le plaisir de dresser des assiettes et de créer des sourires sur les visages...

Mes 40 ans fraîchement atteints cette année débarquent avec leur lot de tracas et de brimades sociales. J'arrive à un âge charnière pour toutes dames soucieuses de transmettre et de laisser une trace. Les hommes politiques écrivent leurs mémoires à la fin de leur carrière et partent trouver le repos, moi j'écris mes souvenirs sous forme de recettes et commence une nouvelle vie créative. Je suis passée par le monde médical en tant qu'infirmière durant huit années et j'ai eu malheureusement le temps de voir les conditions de travail de la profession se dégrader. Puis je suis entrée dans le monde du spectacle, mais toujours par procuration derrière les projets de mon époux. C'est officiellement en tant qu'autrice que je me présente à vous aujourd'hui avec mon propre projet. Plus qu'un simple livre de recettes, c'est une capsule temporelle que j'ai voulu partager avec vous. Comme si tout ce contenu était enfoui en moi depuis 40 ans et que nous l'exhumions ensemble. J'espère qu'il trouvera son chemin au sein de vos propres familles et qu'il produira à son tour son lot de partage et de beaux souvenirs.

Karinale

Cheez Nan

CHEEZ NAN

Le Maharaja a été l'un des premiers restaurants indiens du quartier Saint-François du Havre que j'ai fréquenté étant jeune.

On y servait des plats en sauce avec des intitulés pittoresques qui en devenaient hilarants quand ils étaient énoncés avec l'accent à couper au couteau d'un serveur havrais.

Je vous laisse imaginer dans quel fou rire nous partions, Médine et moi, quand le serveur nous présentait un karahi gosht qui, prononcé à la cauchoise, devenait un « Kari grosse chatte » lolllll ! Bref...

Toujours est-il qu'on y servait les meilleurs cheese naans de l'époque. Ils étaient surdosés en fromage et avaient l'épaisseur d'un bambalouni tunisien. C'est l'une des raisons qui m'a poussée à en faire mon pseudonyme.

L'esprit du cheese nan résonne comme un mantra en moi, autant pour son esthétisme que pour son histoire. Il est né en Europe loin de son prétendu pays d'origine, tout comme moi, et n'est même pas reconnu comme appartenant à la cuisine traditionnelle indienne.

Son métissage eurasien, entre pâte et fromage fondu, incarne parfaitement mon ADN, mélange de cuisine traditionnelle et de sourire à pleines dents. Il n'en a pas fallu plus à mon entourage pour changer mon surnom d'enfance « Nan » en « Cheez nan ».

CHEEZ NAN

LA RECETTE

PRÉPARATION 20 MIN - REPOS 1 H - CUISSON 10 MIN

LISTE DES INGRÉDIENTS
4 CHEESE NAANS

- 10 portions de **fromage fondu**
- 2 c. à s. de **sucre en poudre**
- 1 c. à s. de **levure boulangère sèche**
- 3 verres de **farine de blé**
- 2 c. à s. de **lait en poudre demi-écrémé**
- **1 yaourt nature**
- **Huile de tournesol**
- **Sel**

Préparer la pâte

Mélanger dans 1/2 verre d'eau tiède, 2 c. à soupe de sucre en poudre et 1 c. à soupe de levure boulangère. Couvrir et laisser reposer pendant 10 min.

Dans un grand bol, mettre 3 verres de farine, 2 c. à soupe de lait en poudre, 1/2 c. à café de sel, 3 c. à soupe de yaourt nature, 3 c. à soupe d'huile et mélanger. Ajouter la préparation à la levure et mélanger à nouveau.

Ajouter un quart d'un verre d'eau, puis pétrir jusqu'à l'obtention d'une pâte lisse. Huiler vos mains pour former une boule, recouvrir le bol d'un film alimentaire et laisser reposer 1 h près d'une source de chaleur. Après 1 h, la pâte aura doublé de volume.

Mise en forme et cuisson

Saupoudrer le plan de travail de farine et former 8 boules. Étaler les boules à l'aide d'un rouleau à pâtisserie sur une épaisseur de 2 mm.

Tartiner la moitié des disques de pâte avec du fromage fondu puis recouvrir d'un deuxième disque. Pincer les bords.

Faire dorer à feu doux chaque cheese naan dans une poêle pendant 4 à 5 min de chaque côté. Badigeonner de beurre à l'aide d'un pinceau en fin de cuisson.

PANCAKES FLUFFY

Le pancake est une obsession pour moi. C'est une quête du parfait que l'on ne pourra jamais atteindre. La pierre philosophale de mes petits déjeuners. Chaque matin, j'ai l'impression que la recette du pancake a changé dans la nuit. Comme une formule magique qui se renouvellerait entre le crépuscule et l'aube. Cette insatisfaction me vient sûrement de la multitude de variétés que j'ai pu expérimenter dans les différents diners et autres resorts. Pour moi, un ptit-dej ne peut pas être vraiment réussi s'il n'y a pas de pancakes.

Parmi ceux qui m'ont marquée, les fluffy pancakes japonais, appelés hottokeki, et ceux au matcha du Season à Paris. Je crois qu'inconsciemment j'essaie constamment de fusionner ces deux recettes qui combinent, selon moi, l'équilibre parfait entre goût et texture.

Ce perfectionnisme obsessionnel fait la joie de ma famille, qui se prête volontiers au rôle de cobaye. Toutes mes tentatives servent de comparatif dans ma quête du pancake parfait.

Mes goûteurs bénévoles s'amusent à les empiler pour dresser la tour la plus haute de la table, avant d'y apposer le topping final composé de fruit frais ou secs, de sirop d'érable...C'est ainsi que le concours de Pancakes tower est né un dimanche matin en Normandie.

P.-S. : Un matin, un faux ami très drôle s'est invité à notre table. En versant le sirop d'érable sur ses pancakes, Genghis voulant montrer qu'il connaissait le contenu du flacon, nous a dit avec aplomb : « J'aime bien le sirop d'Arabe » !!!!!!

PANCAKES FLUFFY

LA RECETTE

PRÉPARATION : 5 MIN - CUISSON : 6 MIN (PAR PANCAKE)

Mélanger dans un bol les œufs, les yaourts, l'huile, le lait d'amande, le vinaigre d'alcool et le sel.

Dans un autre bol, mélanger la farine, la levure et le sucre vanillé.

Mélanger tout doucement et pas longtemps les deux préparations.

Faire chauffer une poêle et huiler à l'aide d'un pinceau.

Mettre une louche de pâte dans la poêle, baisser le feu et cuire à peu près 2 à 3 min de chaque côté.

LISTE DES INGRÉDIENTS – 5 PERS.

- 2 **œufs**
- 2 **yaourts nature**
- 2 c. à s. d'**huile**
- 140 ml de **lait d'amande**
- 1/2 c. à c. de **vinaigre d'alcool blanc**
- 1 pincée de **sel**
- 240 g de **farine de blé**
- 1 sachet de **levure chimique**
- 1 sachet de **sucre vanillé**

NIKE

GALETTE DES KHAN

Le « fooding gag » le plus long de l'histoire de la Khan family ! Ça fait 3 ou 4 ans que ça dure. Tous les ans pendant environ 1 mois, la cellule familiale est l'objet d'intenses rebondissements stratégiques et politiques. Une simple galette à la frangipane et sa petite sculpture de porcelaine provoquent manipulations, alliances, fourberies et autres intrigues épiques.

La faute à mon époux qui tire les rois d'une curieuse façon. Selon lui, l'heureux chanceux qui obtient la fève tant convoitée est sacré grand Khan et obtient le droit à 24 heures de privilèges.

Il lui est alors possible de choisir une reine et de déclarer le reste de la famille bouffons et vassaux au service de la couronne. Un règlement qui met les ardeurs sens dessus dessous. Cris, pleurs, vexations, déchirements s'invitent au sein de notre maison, dans une période qui devrait être faite de partage et de fraternité.

Mais, même si elle se retrouve reléguée au second plan chez moi, je mets tout de même un point d'honneur à ce que la galette soit parfaitement exécutée. Feuilletage à la pâte feuilletée, épaisseur de frangipane régulière et une pointe de fleur d'oranger pour la touche exotique.

Servez-la avec une coupe de Chardonnay sans alcool bio « Le petit Béret » et vous obtiendrez un excellent goûter.

GALETTE DES KHAN

LA RECETTE

PRÉPARATION 10 MIN - CUISSON 30 MIN

LISTE DES INGRÉDIENTS
1 GALETTE

- 2 **pâtes feuilletées**
- 150 g de **beurre mou**
- 1 sachet de **sucre vanillé**
- 150 g de **sucre en poudre**
- 3 **œufs entiers** + 1 **jaune** pour la dorure
- 1 c. à s. d'**eau de fleur d'oranger**
- 170 g d'**amandes en poudre**
- 1 **gousse de vanille**

Dans un bol, mettre le beurre et le faire ramollir avec une fourchette. Ajouter le sucre vanillé et le sucre en poudre et mélanger.

Ajouter les œufs, l'eau de fleur d'oranger, les amandes en poudre, la gousse de vanille fendue et grattée, puis mélanger à nouveau. Incorporer enfin le beurre mou.

Mettre 1 feuille de papier sulfurisé sur la plaque du four et disposer une pâte feuilletée dessus. Verser la frangipane au centre et bien la répartir jusqu'à 2 cm du bord environ. Déposer la (ou les) fève(s). Recouvrir avec la 2e pâte feuilletée.

Souder les bords des 2 pâtes en appuyant avec les doigts tout autour et replier les bords vers l'intérieur. Faire quelques entailles avec un couteau au niveau des bords de la galette.

Préchauffer le four à 220 °C. Battre le jaune d'œuf avec 1 c. à café d'eau froide puis en badigeonner la galette. Dessiner et décorer délicatement la galette à l'aide d'un couteau à pointe fine, puis faire quelques entailles sur les côtés.

Enfourner la galette pour 30 min environ à 200 °C, en veillant à ce qu'elle soit bien dorée au-dessus et en dessous.

SALADE DE PAPAYE PIMENTÉE (TAM SOM)

Som se traduit par « acide » en français. L'acidité naturelle de certains fruits est très recherchée des Laotiens. Tout fruit encore vert offre une neutralité idéale pour être dippée dans une sauce relevée.

C'est le cas de certaines pommes de verger et de certaines prunes acidulées que l'on trempe dans ce qu'on appelle un « tiaou » : mélange de sauce de poisson, de pâte de crevette, de gingembre, de sucre, de piment et de poudre de riz gluant grillé. C'est cette tradition que l'on retrouve dans ce plat, avec pour base de la papaye verte.

La préparation débute par la scarification du fruit à l'aide d'un couteau qui vient tapoter des centaines de fois la papaye pour la changer en filaments irréguliers. Un processus très traditionnel qui me vient de ma mère, pour qui la râpe moderne extrait « trop d'eau ». J'ai tout de même manqué, à plusieurs reprises, de me trancher une phalange.

P.-S. : le nombre de piments détermine l'intensité de cette salade : 1, 2 ou 3 sont les niveaux supportables par le commun des mortels. Les autres, comme ma mère et Médine, affirment qu'au-delà de 3 l'intensité reste la même. En d'autres termes, 4 piments ou 11 (chiffres réels) ne changeront pas le goût, ni à l'entrée ni à la sortie.

SALADE DE PAPAYE PIMENTÉE

LA RECETTE

PRÉPARATION 10 MIN

LISTE DES INGRÉDIENTS — 5 PERS.

- 1 **papaye verte** (ou papaye râpée surgelée)
- 1 **carotte**
- 10 **tomates cerises** environ ou 3 **tomates moyennes**
- 2 **gousses d'ail**
- 2 **piments oiseaux rouges** (ou plus, selon sa résistance)
- 1 c. à c. de **kapi** (pâte de crevette)
- 1 c. à s. de **sucre en poudre**
- 1 **citron vert**
- 2 c. à s. de **sauce nuoc-mâm**
- 10 g de **cacahuètes**

Râper la papaye verte et la carotte. Couper les tomates cerises en 2 (ou les tomates en lamelles).

Mettre dans le mortier les gousses d'ail, les piments, le kapi et le sucre. Écraser à l'aide d'un pilon.

Ajouter la papaye et la carotte râpées, le jus du citron vert, les tomates, le nuoc-mâm et écraser à nouveau le tout. Goûter et réajuster, si besoin, à votre convenance avec du sucre, du citron vert pour l'acidité ou du nuoc-mâm pour saler.

Saupoudrer de cacahuètes concassées grillées.

LAP SAUMON

Littéralement *lap* veut dire « la chance ».

C'est pourquoi on retrouve ce plat pour les naissances, les mariages, les célébrations de la nouvelle année lunaire... Pas une fête ne se passe sans lap sur la table à manger.

Il y avait du lap à mon mariage, il y en aura certainement à celui de mes enfants, et ce même si le monde devient totalement vegan d'ici là !

En général, le lap est l'une des premières choses qui disparaît des buffets de célébration.

Au bœuf, au poulet ou au saumon, il est toujours accompagné de ce qui, pour moi, lui donne toute son âme et sa fraîcheur : la citronnelle et les herbes aromatiques fraîches. C'est fou comme une simple feuille peut arriver à autant parfumer tout un plat.

L'autre particularité du lap, c'est que la viande est crue dans sa version originale, même s'il arrive qu'on vous le propose cuit pour des raisons sanitaires ou tout simplement par goût. Traduit à l'occidentale, on appellerait ça un tartare.

Soyez stratégique si une famille laotienne vous invite au mariage d'un de ses enfants.

Respectez le protocole pour pleinement profiter de ce plat : prenez une assiette, dirigez-vous vers la bassine de lap et, avec une grosse cuillère, raclez le fond et faites ressortir les piments. Placez-les de façon apparente, ce qui laissera croire à tous qu'il s'agit d'un plat ultra-pimenté... ainsi le contenu diminuera nettement moins vite !

N'oubliez pas de passer au stand du sticky rice pour accompagner le fameux lap.

LAP SAUMON

LA RECETTE

PRÉPARATION 30 MIN

Retirer la peau du saumon puis le couper en morceaux. Hacher finement la coriandre, la menthe et la ciboulette. Émincer finement les rondelles de galanga et les échalotes. Ôter les 2 extrémités de la citronnelle, retirer la première couche puis émincer la citronnelle très finement.

Dans une poêle, faire griller à sec le riz et mélanger sans s'arrêter jusqu'à ce qu'il devienne doré puis le moudre.

Mélanger tous les ingrédients puis terminer par 3 c. à soupe de nuoc-mâm, le jus d'un citron vert et, si besoin, du sel. Décorer avec des quartiers de citron vert et ajouter éventuellement des piments oiseaux.

Conseil

Servir bien frais accompagné de salade batavia ou de laitue.

LISTE DES INGRÉDIENTS 5 PERS.

- 800 g de **pavés de saumon frais**
- 6 branches de **coriandre fraîche**
- 12 feuilles de **menthe fraîche**
- 6 brins de **ciboulette**
- 2 rondelles de **galanga**
- 2 **échalotes**
- 2 bâtons de **citronnelle**
- 2 c. à s. de **riz**
- **Sauce nuoc-mâm**
- **Piments oiseaux rouges** (facultatif)
- 2 **citrons verts** (1 pour le jus et 1 pour la déco)
- **Sel**

SINE HENG

OU SINE SAVANH

Littéralement *sine* veut dire « viande », *heng* « séchée » et *sine savanh* « viande du paradis ». On pourrait s'arrêter là pour la description de cette spécialité 100 % laotienne.

Le bœuf séché ne constitue pas un plat à lui tout seul, il faut l'accompagner d'autres saveurs pour le révéler. La confection traditionnelle de cette viande séchée, c'est tout une cérémonie. De fines lamelles de bœuf sont découpées, marinées, parsemées de sésame, étalées sur un plateau ou une grille, recouvertes d'une « mouchetiquaire » construite pour l'occasion, avant d'être entreposées sous la chaleur étouffante d'un soleil extrême-oriental.

Mais quand on habite en Normandie, il faut bien s'adapter au climat. On remplace alors le soleil par un procédé en trois étapes : sur un plateau, les lamelles sont disposées en lignes puis voyagent entre l'arrière-cuisine, qui s'autoventile avec une petite fenêtre de type meurtrière de château fort, et le balcon pour tout de même tenter d'absorber quelques rares rayons UV normands. Une « mouchetiquaire » de fortune, taillée dans un fond de filet à linge et quelques baguettes usagées, fait rempart aux attaques de mouches.

Même si le procédé semble peu ragoûtant ainsi décrit, il produit pourtant une délicieuse friandise. Si certains y voient un cache-misère pour viande mal conservée, en réalité il s'agit d'une sorte de maturation. Le résultat est caramélisé et quelque peu coriace dans la texture, raison pour laquelle il est préférable de déchirer les lamelles avec ses incisives pour déguster des filaments de bœuf.

SINE HENG OU SINE SAVANH

LA RECETTE

PRÉPARATION 25 MIN - REPOS 2 H - CUISSON 10 MIN

Découper la viande en fines lamelles d'à peu près 5 mm d'épaisseur et les mettre dans un saladier.

Découper les 2 extrémités du bâton de citronnelle et ne garder que la partie centrale. Retirer la première feuille, découper le bâton en 2 et le passer au mixeur. Mixer l'ail et le gingembre. Ajouter la citronnelle et mixer de nouveau.

Ajouter cette mixture dans le saladier avec la viande, puis ajouter tous les ingrédients (sauf l'huile) et malaxer la viande pour tout bien faire pénétrer. Recouvrir le saladier, laisser mariner pendant au moins 2 h au frais.

Disposer la viande sur une grille ou un plateau et laisser sécher, au soleil si possible, durant toute la journée en recouvrant la viande avec une cloche de type « mouchetiquaire » lollll !

Dans une casserole, mettre de l'huile de tournesol (assez pour recouvrir la viande). Une fois que l'huile est chaude, y plonger la viande et la laisser frire à feu doux 4 à 5 min de chaque côté.

Conservation

La viande séchée se conserve 48 h au frais dans des sachets de congélation.

Conseil

Accompagner de riz gluant avec du tiaou mak len (voir recette p. 133) ou du Maggi pour les enfants.

LISTE DES INGRÉDIENTS – 5 PERS.

- 700 g de **viande de bœuf** (paleron ou rumsteck)
- 1 bâton de **citronnelle**
- 3 gousses d'**ail**
- 30 g de **gingembre frais**
- 1 c. à c. de **sauce d'huître**
- 1 c. à c. de **sauce nuoc-mâm**
- 1 c. à c. de **sucre**
- 1 c. à c. de **sauce soja salée**
- 1 c. à s. de **graines de sésame blanc**
- **Pincée de poivre** (selon la convenance)
- **Huile de tournesol**

NEMS

Vous devez savoir qu'aujourd'hui j'ai réappris à aimer les nems. Ça n'a pas toujours été le cas. À l'époque où j'étais infirmière en congé parental, je décidais d'avoir une activité annexe pour me changer les idées. Ce que je ne savais pas c'est que j'allais passer d'une usine à une autre.

Au début, je confectionnais ce classique de la cuisine asiatique pour mes proches et mon entourage. Puis, avec le bouche à oreille, les amis des amis se passant le mot souhaitaient m'en « commander ». Au fur et à mesure que j'acceptais des commandes de plus en plus éloignées du cercle familial, j'alimentais malgré moi un commerce qui m'absorbait et me faisait passer de rat de laboratoire à rat d'arrière-cuisine.

Les commandes affluaient tellement que j'organisai mon atelier de confection chez ma mère qui m'assistait dans cette besogne.

Ce qui rendait ces nems si convoités, c'est que la farce était hachée à la main, que le pliage répondait à des normes maternelles dictatoriales et que l'huile de friture était constamment épurée par mon pauvre père embarqué lui aussi dans cette entreprise familiale.

La fréquence de production était incroyable. Plus de 1 200 nems de qualité supérieure à la journée. Je rentrais le soir chez moi, le dos endolori, les cheveux et les vêtements imprégnés d'une aigre odeur de sauce nems (vinaigre, sauce de poisson...). Mon mari avait beau positiver en humant ce doux parfum de friture et en me disant que sentir le nem chaud décuplait son amour pour moi, il fallait que tout ça s'arrête.

Par la suite, je ne supportais plus les nems jusqu'à ne plus en manger pendant longtemps. J'ai fini par les réapprécier cuisinés par d'autres. Je fournis donc ici la recette précise des nems de mon calvaire, en espérant pouvoir les déguster un de ces jours chez l'un ou l'une d'entre vous.

Liste des ingrédients – 50 nems

- 1,5 kg de **filets de poulet**
- 200 g de **vermicelles de soja**
- 90 g de **champignons noirs déshydratés**
- 4 **oignons**
- 3 **carottes**
- **Sauce nuoc-mâm**
- **Sauce d'huître**
- **Sucre en poudre**
- 3 **œufs**
- 1 paquet de **galettes de riz**
- **Huile pour friture**
- **Poivre**

NEMS AU POULET

LA RECETTE

PRÉPARATION 1 H 30 - CUISSON 6 À 15 MIN

Retirer les nerfs des filets de poulet et les découper en morceaux puis les passer au mixeur.

Dans un grand saladier, tremper les vermicelles de soja dans de l'eau chaude pour les ramollir. Retirer l'eau et les découper grossièrement avec des ciseaux sur une longueur d'environ 5 à 8 cm.

Faire tremper les champignons noirs dans de l'eau chaude pendant 20 min environ. Une fois ramollis, les égoutter et retirer la partie dure du champignon. Les passer au hachoir. Les réserver dans un bol.

Découper les oignons en 2, retirer la partie centrale et les couper en fines lamelles. Râper les carottes.

Dans un grand récipient, mélanger les vermicelles, les champignons et la viande hachés, les oignons en lamelles et les carottes râpées. Ajouter 3 c. à soupe de nuoc-mâm, 3 c. à soupe de sauce d'huître, 1 c. à soupe de sucre, du poivre selon la convenance et mélanger le tout à la main pour bien faire pénétrer les goûts. Casser les œufs en dernier sur la farce puis mélanger à nouveau la mixture.

Le roulage des nems

Préparer le plan de travail, humecter des torchons et les disposer côte à côte. Remplir une bassine d'eau tiède.

Tremper une galette de riz dans l'eau tiède jusqu'à ce qu'elle soit souple et la secouer délicatement pour retirer l'excédent d'eau.

Les déposer 5 par 5 ou par 10 et mettre 1 c. à soupe de farce (plus ou moins, tout dépendra de la taille que vous souhaitez donner à vos nems mais aussi de la taille de vos galettes) en forme de boudin au centre de chaque galette puis repliez les côtés sur la farce et rouler le nem en serrant légèrement pour éviter que la farce ne sorte lors de la friture.

La cuisson

Si vous souhaitez congeler les nems, les faire précuire environ 4 à 5 min dans de l'huile bien chaude. Les déposer sur du papier absorbant, laisser bien refroidir puis les placer dans un sac congélation avant de les mettre au congélateur. Le jour J, les faire frire sans décongélation (comme pour les frites) 10 min dans de l'huile bien chaude puis baisser le feu pour qu'ils soient dorés et croustillants.

Si vous souhaitez les consommer le jour même, opter pour une cuisson en deux temps. Précuire 3 min dans de l'huile bien chaude puis les retirer et juste avant de les consommer les plonger à nouveau 3 min dans de l'huile bien chaude jusqu'à ce qu'ils soient bien dorés et croustillants.

Suggestion

Accompagner de sauce nems (voir recette p. 132), de batavia, de feuilles de menthe et de coriandre. Utiliser dans la recette du bo bun (voir recette p. 90).

SAMOUSSAS

Revendiqué comme le Mont Saint-Michel par différents territoires, ce petit amuse-gueule triangulaire n'en finit plus d'exacerber les nationalistes de tous bords. Tout le monde l'aurait inventé, découvert, popularisé, breveté... Chaque fois que j'ai interrogé mon entourage physique ou ma communauté virtuelle sur son origine, je me suis retrouvée au cœur d'interminables batailles intercommunautaires.

Certains, comme les Maghrébins, le rattachent directement à leurs cuisines ancestrales. D'autres, comme les Comoriens, évoquent une génétique sino-africaine qui les rendrait plus légitimes à revendiquer le triangle doré...

En plus de s'arracher sa filiation, tous s'acharnent à le rebaptiser comme ces héros mythologiques qui ne portent pas le même nom selon que leurs exploits sont racontés par les grecs ou les romains.

Si Hercule s'appelle Héraclès chez les Grecs, Samoussa s'appelle Briouate chez les Marocains, Sambossa chez les Comoriens, Brick chez les Algériens et les Tunisiens... Vous l'aurez compris, il n'y a aucun espoir d'unifier les royaumes pour se mettre d'accord sur une seule version du mythe du samoussa.

L'enrobage est une feuille de blé, à la différence de la feuille de brick qui ne donne pas le même résultat. La première sera croustillante l'autre plus feuilletée. La farce se compose d'un mélange de vermicelles, champignons noirs et viande hachée. Comme toutes les légendes, il détient un secret en son sein. Je le tiens de ma mère, qui doit sûrement le tenir de la sienne, et c'est ce qui donnera tout son croquant à votre samoussa : la châtaigne d'eau. Plié 4 à 5 fois jusqu'à obtenir l'emblématique forme triangulaire, scellé avec un peu de jaune d'œuf et plongé dans un bain d'huile bouillante... et voilà, le légendaire samoussa est prêt !

SAMOUSSAS AU POULET

LA RECETTE

PRÉPARATION 1 H - REPOS 1 H - CUISSON 5 MIN

LISTE DES INGRÉDIENTS
30 PIÈCES

- 1 paquet de **feuilles de samoussa** (surgelées, dans les épiceries exotiques)
- 4 **champignons noirs déshydratés**
- 60 g de **vermicelles de soja transparents**
- 400 g de **filets de poulet**
- 3 **oignons**
- 300 g de **châtaignes d'eau**
- 3 c. à s. de **sauce d'huître**
- 2 c. à s. de **sauce de soja salée**
- 1 c. à s. de **sauce de soja saveur champignon** (épaisse)
- 2 **jaunes d'œufs** (pour coller la feuille)
- **Huile**
- **Sel et poivre**

Faire décongeler le paquet de feuilles de samoussas 2 h à l'avance.

Tremper les champignons noirs dans de l'eau pendant 1 h. Les égoutter, couper la partie dure et les mixer au hachoir.

Tremper les vermicelles de soja dans de l'eau tiède pendant 1 h. Une fois réhydratés, les couper plusieurs fois avec des ciseaux en tronçons d'environ 2 cm.

Couper les filets de poulet et les passer au hachoir. Couper les oignons en dés. Égoutter les châtaignes d'eau, les rincer, puis les couper en petits dés.

Dans une grande poêle à feu moyen, mettre 3 c. à soupe d'huile, ajouter les oignons puis le poulet haché ainsi que les champignons mixés et bien mélanger pour éviter les amas de viande. Ajouter la sauce d'huître, la sauce de soja, la sauce de soja épaisse, du sel et du poivre. Mélanger pour faire pénétrer les sauces à la viande. Lorsque la viande est cuite, ajouter les vermicelles et les châtaignes d'eau en dés. Mélanger à nouveau toute la farce. Retirer du feu et laisser refroidir.

Le pliage des samoussas

Prendre une feuille de samoussa et couper 4 bandes à l'aide de ciseaux de cuisine. Mettre 1 c. à soupe de farce en bas d'une bande. Prendre le coin en bas à droite et replier vers la gauche pour former un triangle. Une fois que l'on a la forme du triangle, le rabattre vers la droite, puis vers la gauche le long de la pliure et ainsi de suite, jusqu'à arriver au bout de la bande. Coller la feuille avec du jaune d'œuf. Renouveler jusqu'à épuisement des ingrédients.

La cuisson

Dans une sauteuse, faire chauffer assez d'huile pour recouvrir les samoussas. Y plonger les samoussas et faire cuire à feu doux des 2 côtés jusqu'à ce qu'ils soient dorés. Les retirer et les déposer sur du papier absorbant.

Conseil

Servez avec de la sauce Sriracha, aigre-douce ou soja.

BÀNH MÌ

Les notions de pique-nique et de voyage sont indissociables du bành mì dans mes souvenirs.

Normande de naissance, les voyages dans la capitale pour se ravitailler chez Tang Frères afin d'éviter le surcoût des épiceries exotiques de quartier, se transformaient en véritables périples.

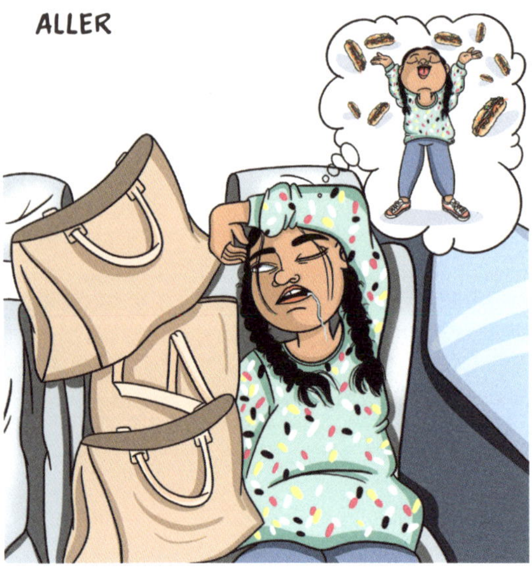

Nous partions, dans une Volkswagen familiale, tôt le matin, avec frères et sœurs pour le 13e arrondissement de Paris. La route nous semblait tellement longue.

Une fois le plein de liserons d'eau, de poissons rares congelés et autres feuilles de bananier terminé, venait le moment de la récompense ultime : le bành mì.

Morceau de baguette ordinaire éventré contenant un émincé de bœuf citronnelle (ou autres viandes), enduit de sauce pimentée (Sriracha) sur un lit de carottes râpées imbibées de sauce nems, concombre et coriandre. À côté de lui, tous les sandwichs du monde me semblaient tellement fades.

Mais le Graal, c'était le bành mì au « giò », un pâté de porc vietnamien condensé en saucisson, une recette que j'ai tentée de reproduire pour respecter désormais le nouveau régime alimentaire familial en utilisant du « cachir » (saucisson halal censé imiter la charcuterie... lol) mais sans jamais y parvenir.

Le secret du bành mì giò restera enfoui dans ma mémoire d'enfant et continuera d'alimenter le fantasme de Massoud, mon fils aîné, et de Médine, mon époux, sur mes anciens récits culinaires à la viande porcine.

BÀNH MÌ POULET-CITRONNELLE

LA RECETTE

PRÉPARATION 20 MIN - REPOS 1 H - CUISSON 45 MIN

Le poulet citronnelle
Mettre les pilons de poulet dans un grand saladier.

Couper les 2 extrémités des bâtons de citronnelle, retirer la première couche de feuilles, couper en 2 dans le sens de la longueur puis en quatre.

Mixer la citronnelle, l'ail et 4 c. à soupe d'eau. Mettre la mixture dans un bol et ajouter la sauce d'huître, le nuoc-mâm, l'huile, 1 pincée de poivre et les feuilles de citron.

Faire mariner la viande dans cette mixture et laisser reposer au frais au moins 1 h.

Préchauffer le four à 180 °C et mettre le poulet à cuire pendant 45 min. Ajouter de l'eau si besoin. Désosser les pilons et effilocher la viande.

La garniture
Verser la sauce nems tiède sur les carottes râpées. Couper le concombre en fines tranches, ciseler les piments oiseaux et couper les tiges de coriandre en 3.

Le montage du bành mì
Découper les baguettes en 2 (ou 3 selon la taille souhaitée). Étaler l'aïoli pimenté. Garnir avec les tranches de concombre, le poulet-citronnelle et les carottes imbibées de sauce nems. Ajouter la coriandre et éventuellement les piments oiseaux.

LISTE DES INGRÉDIENTS – 8 SANDWICHS

Le poulet-citronnelle
- 1 kg de **pilons de poulet**
- 2 bâtons de **citronnelle**
- 4 gousses d'**ail**
- 2 c. à s. de **sauce d'huître**
- 2 c. à s. de **sauce nuoc-mâm**
- 1 c. à s. d'**huile**
- 10 feuilles de **citron** (surgelées)
- 1 pincée de **poivre**

La garniture
- **Sauce nems** (voir recette p. 132)
- 250 g de **carottes râpées**
- 1 **concombre**
- 60 g de **coriandre fraîche**
- **Piments oiseaux** (facultatif)
- **Aïoli pimenté** (voir sauce aïoli srirachée p. 132)
- 4 **baguettes**

BAO BURGER
SAUMON-CITRONNELLE

L'arrivée du bao burger au sein des menus familiaux repose sur un mélange de nostalgie et de modernité. Nostalgie car la référence aux repas de Sangoku préparés par Chichi dans la série animée Dragon Ball Z est indéniable. Moderne car c'est en goûtant le Bulgogi de Shiso Burger quai Saint-Michel à Paris que nous en avons fait l'expérience pour la première fois en 2013. La rencontre de ces deux références a fait naître un grand intérêt pour les soirées bao dans notre foyer, un peu comme la célébration tardive d'un imaginaire qui demeurait en nous depuis trop longtemps et qui trouvait difficilement le moyen de s'exprimer.

Chaque fois qu'il est question de bao désormais, je suis rebaptisée CheeCheez pour le reste de la journée, en référence à l'un des personnages féminins les plus célèbres de l'univers manga. La comparaison me plaît assez surtout en découvrant les multiples similitudes avec ma propre histoire. Chichi connaît son époux depuis l'enfance, elle est assez caractérielle et jalouse, maîtrise les arts martiaux (j'ai pratiqué la boxe thaïe et anglaise), elle s'inquiète des combats menés par son époux qui entraîne souvent ses enfants avec lui… autant de traits de caractère qui me ressemblent. Mais la vraie raison pour laquelle ma tribu me surnomme ainsi, c'est parce que Chichi de Dragon Ball Z dresse les tables les plus impressionnantes de toute l'histoire des animés. Des buffets gargantuesques composés de nouilles, de bouillons, de paniers de riz… Des festins aux saveurs communicatives bien que virtuelles. Bien sûr l'époux, les enfants et les amis de Chichi se délectent expressivement de ces ripailles dans les réunions de famille qui succèdent à une aventure palpitante.

Je me prête donc au jeu en fournissant la matière première : des bao Z (comme Zaouiche, notre nom de famille). Espérons juste que je ne subisse pas le même destin qu'elle (alerte spoiler !!!) : elle finit transformée en œuf puis écrasée par un personnage en surpoids qui adore le chocolat.

Dans cette dernière partie, toute ressemblance avec des personnages existants est purement fortuite.

LISTE DES INGRÉDIENTS – 6-8 BURGERS

Le bao (brioche)
- 250 ml de **lait**
- 5 g de **levure boulangère sèche**
- 3 c. à s. de **sucre**
- 250 g de **farine de blé**
- 50 g de **farine de riz**
- 50 g de **Maïzena®**
- 2 c. à c. de **sel**
- 50 g de **beurre** ramolli
- **Huile de sésame** (facultatif)
- **Graines de sésame** (facultatif)

Le saumon pané
- 500 g de **saumon frais**
- 1 bâton de **citronnelle**
- Une dizaine de **feuilles de citron**
- 2 gousses d'**ail**
- 1 morceau de **gingembre**
- 1 c. à s. de **sauce d'huître**
- 1 c. à s. de **sauce nuoc-mâm**
- 1 bol de **farine de blé**
- 3 **œufs**
- 1 sachet de **panko** (ou chapelure)
- **Huile** pour la friture

La garniture
- **Sauce barbecue** ou **aïoli sriraché** (voir p. 132)
- Quelques feuilles de **salade batavia**
- 4 **tomates**
- **Carottes** râpées marinées dans de la sauce nems (voir recette p. 132)
- 30 g de **coriandre**
- 30 g de **ciboulette**

BAO BURGER
LA RECETTE

PRÉPARATION 30 MIN - REPOS 2 H 45 - CUISSON 25 MIN

Le bao
Tiédir le lait et y ajouter la levure et le sucre, mélanger et laisser reposer 5 min. Ajouter le reste des ingrédients (sauf l'huile et les graines de sésame) en mettant le beurre en dernier. Couvrir et laisser reposer 2 h.

Dégazer la pâte et la découper en 6 à 8 parts. Former des boules et les déposer sur des carrés de papier sulfurisé. Laisser reposer 15 min avant de les faire cuire 20 min à la vapeur. Si vous le souhaitez, badigeonner d'un peu d'huile de sésame et parsemer de graines de sésame.

Le saumon pané
Couper le saumon en 6 à 8 morceaux. Mixer la citronnelle, les feuilles de citron, l'ail et le gingembre avec un peu d'eau. Ajouter la sauce d'huître et le nuoc-mâm. Mélanger avec le saumon. Laisser mariner 30 min.

Plonger le saumon mariné dans la farine puis dans les œufs battus et enfin dans le panko (ou la chapelure). Faire frire 5 min des 2 côtés dans de l'huile bien chaude.

Le montage du burger
Découper les pains en deux. Garnir avec de la sauce barbecue ou de l'aïoli sriraché, 1 feuille de batavia, des tomates finement découpées, des carottes marinées et le saumon pané. Ajouter de la coriandre et de la ciboulette.

Conseil
Servir avec des patates douces cuites au four.

DIÈTE POST-CONFINEMENT

La pandémie mondiale début 2020 a débouché sur un premier confinement et ses fléaux sur les plans psychologique et physique. Pour nous, cela a été le départ d'un marathon culinaire. Si les grandes surfaces ont connu une pénurie de denrées alimentaires, c'est qu'un tiers de la production mondiale devait être stockée dans notre arrière-cuisine.

Les journées de confinement étaient planifiées autour des repas... au nombre de 6 : le brunch, le déjeuner, le goûter, l'apéro, le dîner, le thé gourmand. Le climat étant favorable à l'organisation de 1 000 événements, nous avions décidé de pallier le manque de liberté en organisant les anniversaires des enfants avec leur cortège de pièces montées, hot dog party et autres tsunamis de sucreries... Nous avons même célébré nos 22 ans de vie commune avec mon époux dans une fausse chapelle de jardin (notre tonnelle), ce qui donna encore lieu à des ripailles interminables.

Une fois les faux prétextes épuisés, il fallut lancer le plan Marshall pour casser la routine culinaire. Ce fut un véritable ballet de scooters et bicyclettes Uber qui défila devant notre portail, dans une symphonie précise et régulière. Les seules relations avec l'extérieur que nous avions passaient par notre interphone ou ceux des fast-foods. Une semaine de plus à ce rythme et nous aurions baptisé Mekka et Massoud au McDonald's de la zone industrielle et pris pour marraine l'hôtesse du McDrive avec qui on commençait à se tutoyer...

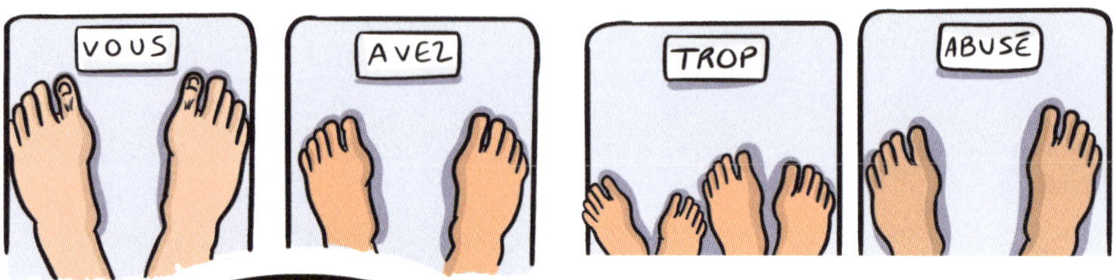

Le 11 mai 2020, une annonce gouvernementale mit fin à notre prison dorée. Les stigmates sur nos corps se révélèrent dès les premières balades. Plus 10 à 12 kilos pour les parents et 5 à 6 kilos pour les enfants. En tout, c'est près de 30 kilos à 5 que nous avions accumulés. Le poids de Massoud à la naissance (rires). Une décision drastique s'imposait et il fallut prononcer ce mot sacrilège dans notre foyer : LA DIÈTE. Rien que son évocation suffit à provoquer des mouvements de foule, des haut-le-cœur et des disputes interminables.

À ce moment, ma principale préoccupation était d'éviter les argumentations d'universitaires pour réintroduire quelques légumes et superaliments dans les menus. Je décidais donc de tout miser sur la présentation et les toppings. Je n'avais d'autre choix que de me transformer en artiste trompe-l'œil. Les bases sont souvent constituées de denrées riches en fibres, protéines, vitamines... qui sans autres artifices ont un goût très neutre.

Pour sublimer le palais familial et l'œil du jugement, j'ajoute les couleurs avec des aliments colorés naturels sans sucres ajoutés : baies de goji, graines de courge, graines de chia, myrtilles... Le lait utilisé est systématiquement végétal. Le tout combiné offre un résultat à la fois pas mauvais et beau.

Mais il en faut bien plus pour tromper l'estomac d'une famille affamée, nourrie près de 5 mois dans la maison de la sorcière d'Hansel & Gretel. Le secret réside dans l'alternance des variétés de plats. N'épuisez pas toutes vos ressources dès les 3 premiers jours de votre diète commune ou vous subirez les foudres de la khantoche.

POKE BOWL

SPÉCIAL DIÈTE

LISTE DES INGRÉDIENTS
5 PERS.

- 500 g de **quinoa**
- 600 g de **saumon frais**
- 2 **avocats**
- 2 **oignons rouges**
- 10 **radis**
- 40 g de **ciboulette**
- 30 g de **coriandre**
- 3 c. à s. de **sauce de soja salée**
- 2 c. à c. de **miel**
- 1 **citron**
- 1 c. à s. de **graines de sésame doré ou noir**

LA RECETTE

PRÉPARATION 20 MIN - CUISSON 10 MIN

Faire cuire le quinoa en suivant les indications du paquet. Couper le saumon et les avocats en dés. Tailler les oignons en fines lamelles et émincer les radis. Ciseler la ciboulette et la coriandre. Mélanger la sauce de soja avec le miel, 1 c. à soupe de jus de citron et les graines de sésame. Poivrer. Ajouter les dés de saumon, la ciboulette et mélanger. Dans un bol, mettre le quinoa puis ajouter sur le dessus tous les autres aliments. Parsemer de coriandre.

ROULEAUX DE PRINTEMPS

LA RECETTE

SPÉCIAL DIÈTE

PRÉPARATION 45 MIN - CUISSON 10 MIN

LISTE DES INGRÉDIENTS
15 ROULEAUX

- 600 g de **crevettes crues décortiquées**
- 250 g de **vermicelles de riz**
- 2 **œufs**
- 1 **carotte**
- ½ **concombre**
- ½ **batavia**
- 1 bouquet de **coriandre**
- 1 botte de **menthe**
- 1 sachet de **galettes de riz** (les mêmes que pour les nems)
- 1 **cube de bouillon de légumes**
- **Huile**
- **Sauce nems** (voir p. 132)
- **Sel** et **poivre**

Dans une casserole, faire bouillir juste assez d'eau pour recouvrir les crevettes. Ajouter le cube de bouillon. Plonger les crevettes dans l'eau et laisser cuire jusqu'à ce qu'elles deviennent roses puis les égoutter. Tremper les vermicelles 5 min dans de l'eau froide puis porter à ébullition une casserole d'eau. Y plonger les vermicelles pour 3 min. Les égoutter et les passer sous l'eau froide pour éviter qu'ils ne se collent.

Battre les œufs en omelette, saler et poivrer. Faire cuire dans une poêle huilée. Couper l'omelette en 2, superposer les moitiés et tailler des lamelles. Râper la carotte. Couper le concombre en allumettes. Ciseler la batavia, la coriandre et la menthe.

Installer des torchons humectés sur le plan de travail et préparer une bassine d'eau tiède. Tremper une à une les galettes de riz pour les réhydrater puis les disposer en les espaçant sur les torchons.

Déposer sur chaque feuille de la batavia, des vermicelles, de la carotte, de l'omelette, de la menthe et de la coriandre puis plier sur les côtés. Rouler d'un quart de tour et disposer 3 à 4 crevettes le long du rouleau puis rouler le tout. Déguster frais, trempé dans la sauce nems.

Suggestion
Parsemer de cacahuètes concassées et de piments oiseaux hachés.

PANCAKES AUX FLOCONS D'AVOINE

LA RECETTE

SPÉCIAL DIÈTE

PRÉPARATION 5 MIN - CUISSON 6 MIN

Dans un blender, mixer tous les ingrédients (sauf l'huile de coco).

Huiler une poêle avec l'huile de coco. Dès que la poêle est bien chaude, verser une louche de pâte et recouvrir la poêle. Baisser à feu moyen, retourner le pancake dès l'apparition de bulles et laisser cuire 1 min.

Conseil

Voici quelques suggestions de toppings : amandes effilées grillées/sirop d'agave, amandes/rondelles de banane, poire/pépites de chocolat...

LISTE DES INGRÉDIENTS
5 PANCAKES.

- 200 g de **flocons d'avoine**
- 2 **bananes mûres**
- 2 c. à c. de **levure chimique**
- 2 **œufs**
- 50 g de **lait végétal ou de vache**
- **Huile de coco**

BOWL CAKE

LA RECETTE

SPÉCIAL DIÈTE

PRÉPARATION 5 MIN - CUISSON 3 MIN

LISTE DES INGRÉDIENTS
1 BOWL

- 1 **banane mûre**
- 1 **œuf**
- 3 c. à s. de **flocons d'avoine**
- 1 c. à c. de **levure chimique**
- 2 c. à s. de **lait végétal ou de vache**
- 1 c à café de **sirop d'agave** ou **sirop de fleur de coco** (facultatif)

Écraser la banane dans un bol. Ajouter l'œuf entier et mélanger. Ajouter les flocons d'avoine, puis la levure chimique. Verser le lait, puis le sirop d'agave ou de fleur de coco et mélanger. Mettre 3 min au micro-ondes à puissance maximale. Retourner le bol sur une assiette.

Conseil

Vous pouvez ajouter fruits frais et/ou secs. Voici quelques suggestions de toppings : orange/pépites de chocolat/amandes grillées sans sel, mangue/baies de goji/coco râpée, fraises/framboises/myrtilles, kiwi/noix de pécan, pomme/noisette/cannelle...

CHIA BOWL

SPÉCIAL DIÈTE

LA RECETTE

PRÉPARATION 10 MIN - REPOS : 2 À 12 H

LISTE DES INGRÉDIENTS — 1 BOWL

- 3 c. à s. de **graines de chia**
- 25 cl de **lait végétal ou de vache**
- 1 c. à s. **sirop d'agave ou de miel**

La veille au soir pour le lendemain matin, mélanger dans un bol, les graines de chia, le lait et le sirop jusqu'à ce que les graines s'imprègnent du lait. Laisser reposer 3 ou 4 min et mélanger à nouveau pour éviter que les graines ne retombent au fond puis laisser reposer 2 h ou toute la nuit au frais.

Sortir le bol 10 min avant le petit déjeuner et passer au topping.

Conseil

Voici quelques suggestions de toppings : fraise/banane, fraise/kiwi, ananas/coco râpée, banane/pépites de chocolat/beurre de cacahuète, banane/myrtilles/amandes...

SMOOTHIE ANANAS, CONCOMBRE, ÉPINARDS

SPÉCIAL DIÈTE

LA RECETTE

PRÉPARATION 10 MIN

LISTE DES INGRÉDIENTS — 2 PERS.

- 1 **ananas**
- 1 **concombre**
- 50 g de feuilles d'**épinards**
- 50 g d'**eau de coco**
- 1 c. à s. de **sirop d'agave** (facultatif)

Découper l'ananas en morceaux et le concombre en rondelles.

Mettre tous les ingrédients dans un blender et mixer le tout. Servir frais avec des glaçons.

PHÔ

Dans mon esprit, le phô est indissociable de la notion de réunion de famille. C'est ludique comme une raclette et convivial comme un couscous.

Chez Nanaï le dimanche, le foyer familial a des allures de self-service tant la famille est grande. Les expressions « premier service » et « deuxième service » pour désigner le turnover autour de la table, se sont installées dans notre vocabulaire sans qu'on y prête attention.

Les plus téméraires, comme certains de mes frères et mon époux, parlent eux de « premier et deuxième rounds ».

L'assaisonnement personnalisé rend unique chaque bowl. C'est cet aspect que les enfants affectionnent particulièrement. En versant quelques gouttes de nuoc-mâm (sauce de poisson), une de Maggi... cela leur donne l'impression de cuisiner eux-mêmes leur repas.

Il y a donc autant de nuances de bouillons qu'il y a de personnes autour de la table.

Du plus clair, celui du patriarche qui le préfère « à la vietnamienne » à celui de Genghis, trouble comme une mare à grenouilles en raison de son supplément ketchup !

PHÔ AU POULET

LA RECETTE

PRÉPARATION 30 MIN - CUISSON 1H30

Le bouillon
Faire bouillir 5 l d'eau dans une marmite. Faire griller à sec dans une poêle à feu doux 1 oignon et les échalotes coupés en 2, le gingembre en lamelles, les graines de coriandre, les bâtons de cannelle, les clous de girofle et les anis étoilés. Mettre ce mélange dans une boule à thé puis la plonger dans la marmite d'eau. Ajouter le sel, le nuoc-mâm et le sucre.

Dégraisser les 4 morceaux de poulet (retirer la peau), puis les faire revenir dans la poêle jusqu'à ce la viande soit dorée. Les mettre dans la marmite. Dégraisser le poulet fermier (retirer la peau) et le mettre dans la marmite. Couvrir et laisser cuire 1 h à feu moyen. En fin de cuisson (quand la viande est cuite), retirer tous les morceaux de viande pour les désosser et remettre les os dans le bouillon. Attendre quelques minutes pour retirer l'écume et la graisse.

La préparation des ingrédients
Mettre les vermicelles dans un saladier et les recouvrir d'eau bouillante. Une fois ramollis, les égoutter et les passer sous l'eau froide pour éviter qu'ils ne collent.

Émincer finement l'oignon restant. Hacher la coriandre et la ciboulette. Détacher les feuilles de basilic thaï. Hacher les piments.

Blanchir les pousses de soja en faisant bouillir de l'eau dans une casserole. Les plonger 30 sec dans l'eau puis les égoutter et les passer sous l'eau froide.

L'assemblage du phô
Mettre les vermicelles dans un bol. Ajouter le poulet émietté, l'oignon émincé et les pousses de soja. Couvrir de bouillon (à ébullition). Parsemer de coriandre, de ciboulette, de basilic thaï et de piment.

Ajouter selon le goût de chacun du nuoc-mâm ou de l'arôme Maggi pour saler, du sucre ou du ketchup pour la touche sucrée, du citron pour aciduler, de la sauce Sriracha pour pimenter...

LISTE DES INGRÉDIENTS — 5 PERS.

- 1 **poulet fermier**
- 4 morceaux de **poulet avec os**
- 2 **oignons**
- 2 **échalotes**
- 1 morceau de **gingembre** (3 cm)
- 1 c. à s. de **graines de coriandre**
- 2 bâtons de **cannelle**
- 1 c. à c. de **clous de girofle**
- 5 **anis étoilés** (badiane)
- 2 c. à s. de **sel**
- 3 c. à s. de **sauce nuoc-mâm**
- 1 c. à s. de **sucre**
- 10 branches de **coriandre**
- 4 branches de **ciboulette**
- 2 branches de **basilic thaï**
- 3 **piments oiseaux rouges**
- 250 g de **pousses de soja**
- 3 paquets de 400 g de **vermicelles de riz** frais ou déshydratés « spécial phô »

PHÔ AU BŒUF

LA RECETTE

PRÉPARATION 30 MIN - CUISSON 1 H 45

LISTE DES INGRÉDIENTS — 5 PERS.

- 2 **plats de côtes de bœuf**
- 800 g de **paleron**
- 2 **oignons**
- 1 morceau de **gingembre** (de 4 cm)
- 1 c. à s. de **graines de coriandre**
- 1 c. à c. de **clous de girofle**
- 2 bâtons de **cannelle** (ou 1 c. à c. de cannelle en poudre)
- 5 **anis étoilés** (badiane)
- 2 **carottes**
- 1 c. à s. de **sucre**
- 3 c. à s. de **sauce nuoc-mâm**
- 3 paquets de 400 g chacun de **vermicelles de riz frais ou déshydratées** (« spécial phô »)
- 10 branches de **coriandre**
- 4 branches de **ciboulette**
- 3 branches de **basilic thaï**
- 3 **piments oiseaux rouges**
- 250 g de **pousses de soja**

Le bouillon

Dans une casserole d'eau bouillante, plonger les plats de côtes pour 15 min. Retirer l'écume. Les rincer à l'eau claire. Faire bouillir 5 litres d'eau dans une marmite.

Faire griller légèrement à sec dans une poêle à feu doux : 1 oignon coupé en 2, le gingembre coupé en 2, les graines de coriandre, les clous de girofle, les bâtons de cannelle (si cannelle en poudre, l'ajouter dans le bouillon directement) et les anis étoilés. Mettre le mélange de graines dans une grosse boule à thé ainsi que tout le reste dans la marmite.

Ajouter les plats de côtes, les carottes entières, 2 c. à soupe de sel, le sucre et le nuoc-mâm. Recouvrir et laisser cuire à feu moyen pendant 1 h 30.

Écumer les impuretés à la surface. Retirer les plats de côtes et les désosser. Trancher la viande finement.

La préparation des ingrédients

Mettre les vermicelles de riz frais dans un grand saladier et les recouvrir d'eau bouillante. Une fois qu'ils sont ramollis, les égoutter et les passer sous l'eau froide pour éviter qu'ils ne collent. Émincer finement le paleron cru, puis l'oignon restant. Hacher la coriandre et la ciboulette. Détacher les feuilles de basilic thaï. Hacher les piments.

Faire bouillir de l'eau. Ajouter les pousses de soja et les faire blanchir 2 min. Les égoutter et les passer sous l'eau froide.

L'assemblage du phô

Répartir les vermicelles dans des bols. Ajouter les deux sortes de viande (cuite et crue), l'oignon émincé et les pousses de soja. Versez du bouillon à ébullition jusqu'à recouvrir les vermicelles (le bouillon va cuire la viande crue). Parsemer de coriandre, de ciboulette, de basilic thaï et de piment.

Ajouter selon le goût de chacun du nuoc-mâm ou de l'arôme Maggi® pour saler, du sucre ou du ketchup pour la touche sucrée, du citron pour aciduler, de la sauce Sriracha pour pimenter...

KHAO PIAK KHAO
(RICE PORRIDGE)

Le khao piak khao est bien plus qu'un plat. C'est de la médecine familiale. Un remède laotien traditionnel qui nous est transmis de mère en fille. C'est le Smecta® asiatique, un porridge qui plâtre le ventre mais qui, contrairement au médicament, est délicieux.

Pas une gastro, pas une grippe, pas un rhume ne se répand dans la famille sans que Khao piak ne s'érige face à lui.

Ses propriétés réconfortantes viennent de sa savante composition. Sa bouillie de riz et ses herbes parfumées en font une mixture chaleureuse qui remonte littéralement le moral, comme le premier café du lundi matin ou le chocolat chaud pris au pied des pistes de ski.

Ce n'est ni un bouillon ni un plat en sauce mais il est à la fois nutritif et curatif. Il paraît minimaliste au premier abord, voire quelque peu négligé, mais détrompez-vous, sa simplicité ne le rend pas moins appréciable.

Dans sa version avec des pâtes à la farine de tapioca, il se présente sous un jour plus festif et peut être servi sans rougir à des convives en plat principal.

KHAO PIAK KHAO

LA RECETTE

PRÉPARATION 30 MIN - CUISSON 1H20

Découper et ouvrir le poulet en 2.

Mélanger les 2 types de riz et les passer sous l'eau 3 à 4 fois puis les réserver dans un bol.

Émincer finement les échalotes. Faire chauffer l'huile dans une petite casserole. Mettre les échalotes et laisser dorer 10 min à feu doux en mélangeant de temps en temps. Retirer aussitôt du feu, récupérer les échalotes à l'aide d'une écumoire et les déposer sur du papier absorbant. Laisser refroidir à l'air frais jusqu'à ce qu'elles sèchent.

Ciseler la ciboulette et la coriandre puis les réserver dans des bols.

Le bouillon
Dans un faitout, verser 5 litres d'eau. Ajouter les cubes de bouillon, le sel, le poivre et le poulet. Faire cuire à feu vif pendant 45 min. Retirer le poulet , le désosser et l'effilocher.

Ajouter le riz dans le bouillon et faire cuire pendant 25 min, puis verser 1 l d'eau. Mélanger de temps en temps puis couper le feu au bout de 10 min.

Le dressage
Dans un grand bol, mettre du bouillon de riz, la viande effilochée, la coriandre, la ciboulette, les échalotes frites et du piment d'Espelette.

LISTE DES INGRÉDIENTS
5 PERS.

- **1 poulet fermier**
- 250 g de **riz parfumé cru**
- 135 g de **riz gluant cru**
- 170 g d'**échalotes**
- 140 ml d'**huile de tournesol**
- 80 g de **ciboulette**
- 40 g de **coriandre**
- **4 cubes de bouillon de poule ou de légumes**
- **Piment d'Espelette**
- 1 c. à s. de **sel**
- 1 c. à c. de **poivre**

KHAO POUN BŒUF

Souvent des équipes se forment à la sortie d'un nouveau téléphone, d'une console inédite ou d'un ordinateur dernière génération des géants de la Tech. Est-ce que tu es team Iphone ou Samsung ? Mac ou PC ? Playstation ou Xbox ? Avec phô, khao poun se dispute la première place dans le cœur de ceux qui ont eu la chance de goûter les deux soupes, de la même façon que s'engagent les batailles populaires pour séduire les foules.

Moins célèbre que son rival en raison de la complexité de sa réalisation, khao poun est incontestablement un classique de la cuisine laotienne familiale. Dans sa version originale, il est composé de bar émietté et, bien que ce soit la meilleure, cette recette traditionnelle exige énormément de temps. J'ai tout de même grandi avec cette méthode minutieuse pour réaliser le bouillon khao poun qu'un Européen qui serait tenté de faire des raccourcis pourrait comparer à la bouillabaisse marseillaise.

Un jour, cependant, un événement familial est venu bousculer le cours de l'histoire à tout jamais. Keziah, ma petite nièce, se mit à développer une aversion pour la chair de poisson et tout aliment en provenance de la mer. À la suite justement de la préparation du bar du khao poun, qui met en scène tranchage de tête de poisson, vidage de boyaux, vigoureux écaillage... Ma petite nièce, désormais officiellement pescetarienne inversée, en assistant à cette scène, ne se doutait pas que la trajectoire culinaire de toute une famille s'en trouverait impactée. Confrontée à cette réaction, ma mère adapta la recette afin de ne laisser personne sur le bas-côté de la route des saveurs laotiennes. Ainsi est né le khao poun bœuf, ou du moins il a fait son apparition au sein de notre famille.

Bouillon de lait de coco, pâte de curry rouge, citronnelle, feuille de citron... donnent au khao poun un parfum unique et une couleur orangée en surface. La douceur de cette soupe est incomparable. Elle donne l'impression de barboter dans un bol de lait relevé par des végétaux transformés en épices. Mais si vous pensiez que le style moderne au bœuf allait chasser l'ancien au poisson, c'est mal connaître la team traditionaliste, bizarrement constituée des Européens de la famille : Médine et Jo, le père de Keziah. Plus royalistes que le roi en matière de khao poun, ceux-là ne manquent jamais de prendre un bol de chaque.

KHAO POUN BŒUF

LA RECETTE

PRÉPARATION 30 MIN - CUISSON 2 H

LISTE DES INGRÉDIENTS
5 PERS.

- 3 kg de **jarret de bœuf**
- 800 g de **bambou frais**
- 2 **carottes**
- 1 **batavia**
- 350 g de **pousses de soja**
- 3 bâtons de **citronnelle**
- 70 g de **galanga**
- 3 gousses d'**ail**
- 3 c. à s. d'**huile**
- 10 feuilles de **citron**
- 2 c. à s. de **sauce d'huître**
- 400 ml de **lait de coco**
- 2 c. à s. de **piment doux en poudre**
- 2 c. à s. de **pâte de curry rouge**
- 2 paquets de **vermicelles de riz déshydratés** de 400 g
- 2 c. à s. de **sauce nuoc-mâm**
- 1 c. à s. de **sucre de canne**
- 1 c. à s. de **sel**
- 1 c. à c. de **poivre**

Retirer la partie dure du bambou, le couper en 3, puis en lamelles dans le sens de la longueur. Plonger les lamelles de bambou 15 min dans une grande casserole d'eau bouillante, puis les passer sous l'eau froide. Pendant ce temps, râper les carottes. Laver la batavia, retirer la partie dure et tailler les feuilles en lamelles. Laver les pousses de soja. Découper le jarret en morceaux de 5 à 6 cm.

Le bouillon

Retirer les 2 extrémités des bâtons de citronnelle et la première couche de feuilles, puis couper les bâtons en fines rondelles. Couper le galanga en fines lamelles. Éplucher les gousses d'ail. Mixer ces 3 ingrédients ensemble.

Dans une grande marmite, mettre l'huile, 2 c. à soupe du mélange mixé (ail, citronnelle et galanga), et 10 feuilles de citron. Ajouter la viande, le sel, le poivre et la sauce d'huître. Saisir la viande dans la marmite puis verser 5 litres d'eau. Laisser mijoter pendant au moins 1 h 30. Retirer l'écume. Une fois que la viande est tendre, mettre le bambou dans la marmite.

Dans une casserole, mettre 200 ml de lait de coco puis ajouter le restant du mélange mixé (ail, citronnelle et galanga). Porter à ébullition. Ajouter le piment doux, la pâte de curry rouge puis verser les 200 ml de lait de coco restants. Mélanger à feu doux pendant 10 min. Verser cette préparation dans la marmite chaude juste avant de servir.

Les vermicelles

Faire bouillir de l'eau dans une marmite puis y plonger les vermicelles de riz pendant 8 à 10 min. Les égoutter dans une passoire et les rincer à l'eau froide pendant plusieurs minutes. Former des nids de vermicelles et les disposer dans un grand récipient.

Le dressage

Dans chaque bol, mettre 3 à 4 rouleaux de vermicelles de riz puis verser du bouillon, des morceaux de viande et du bambou. En topping, parsemer de lamelles de batavia, de carotte râpée et de pousses de soja.

MISSION RÉCONCILIATION

Bonjour, un recommandé à signer !
Tenez! Passez une bonne journée!
PAS-SEZ UNE BON-NE JOUR-NÉE HEIN ??
«Passez une bonne journée gnagnagna!»
Khanard va!
«Passez une bonne journée!»
Et ta mère aussi elle passe une bonne journée??
«Passez une bonne journée!»
Prenez une chambre d'hôtel tant que vous y êtes!
STOP! Arrête avec ton délire là!
«Passez une put*** de bonne journée!»
J'ai été peut-être trop loin...

LE LENDEMAIN MATIN
Pour le meilleur mari du monde
COFFEE
INVITATION
pour un dîner tout à fait banal et sans arrière-pensées
Ce soir
MENU
Huîtres sauce gingembre
Moules thaïes
accompagnées de riz
Thé parfumé et mi-cuit chocolat noir
Ton incroyable femme
LE SOIR
Genghis, va mettre un...
...pantalon...
!!!
J'ai enfilé un vieux truc... mais j'espère que ça ira...
Pour le plat, j'ai fait des moules...
des MOU-LES
J'ai capté ouais, mais tu m'fais un peu flipper là.

Fini ?
Je ramène
le dessert...
Heu... ok...
J'te jure que t'as même pas intérêt
à t'incruster dans ma soirée !
TADAA...!
NOOOOOOOON !!!
J'ai grave
faim moi!
Vous faites
quoi ??!!

Si tu veux atteindre le cœur d'un homme, passe par son estomac. Tout le secret de ce cahier réside dans ce mantra.

Après 23 ans de vie commune, il est évident qu'il n'y a plus d'incompatibilité et que les grandes lignes du couple ont été cochées. Cependant, cela n'empêche pas de traverser fréquemment des zones de turbulences qui mettent notre longévité à rude épreuve. Je ne parlerais que de mon principal défaut, pour rester impartiale, celui d'être un tantinet jalouse, ce qui donne lieu à des agacements de mon époux occasionnant un épais nuage orageux entre nous pendant trop longtemps (ça c'est son défaut à lui, je n'ai pas pu m'en empêcher).

Quand l'orage persiste donc, que je m'en sens la responsable et que les voix de la discussion ne sont plus audibles, j'emploie un langage tout à fait différent. Je frappe dans ses talons d'Achille les plus connus qui se trouvent respectivement au-dessus et en dessous de la ceinture.

Ma nature timide depuis toute jeune m'empêche de parler de façon décontractée de ces choses que nous allons évoquer dans cette page 69 mais la magie de l'écrit permet plus de nuances et dévoile la pudeur sans la vulgariser.

Le menu de réconciliation se doit d'être chargé en vertus aphrodisiaques. Pour se faire, débutez le repas avec une douzaine d'huîtres de calibre 1 (les plus grosses). L'huître elle-même possède ces vertus.

Ajoutez-y la sauce gingembre au lieu de l'habituelle sauce vinaigre aux échalotes qui risque de changer les haleines en répulsif. Ne révélez pas votre jeu. Utilisez un prétexte sanitaire, présentez cette entrée comme une cure pour remonter votre taux de fer dans le corps.

Poursuivez avec le plat de résistance qui, de par son intitulé, risque lui d'en révéler trop sur vos cartes : moules thaïes.
Ne sourcillez pas. Le grand bluff doit se poursuivre ou vous serez découvert avant que les racines aphrodisiaques ne produisent leurs effets. Le lait de coco combiné au gingembre et à la pâte de curry rouge... servant de bouillon pour les moules rendent le tout tellement exotique, le voyage est certain. N'oubliez pas de mettre une touche de piment pour augmenter la température corporelle. Surtout, ne servez pas les moules avec des frites afin d'éviter toute odeur de friture, qui risquerait d'imprégner vêtements et cheveux. Un bol de riz thaï parfumé fera l'affaire.

Ne servez pas le dessert à table. Enfilez votre plus beau kimono et passez à la cérémonie du thé. Choisissez un thé parfumé et épicé à base de gingembre, cardamome et girofle, servi avec un mi-cuit au chocolat noir (encore aphrodisiaque) « toppingué » de fraises.

À présent, laissez cette mixture érotique infuser et pénétrer le sang de votre conjoint. Vous devriez être réconciliés avant l'aube !

COCKTAIL APHRODISIAQUE

LA RECETTE

RECETTE SECRÈTE

PRÉPARATION 15 MIN - CUISSON 1 H

LISTE DES INGRÉDIENTS — 2 VERRES

Le sirop de gingembre
- 350 g de **gingembre frais**
- 600 ml d'**eau de source**
- 600 g de **sucre**
- 1 **gousse de vanille**

Le cocktail
- 1 **maracuja** (fruit de la Passion)
- 2 **citrons verts** (pour le jus, le givrage et la déco)
- **Sucre de canne** (pour le givrage)
- 1 sachet de **sucre vanillé**
- 1 l d'**eau gazeuse**
- Quelques feuilles de **menthe**
- **Glaçons** (facultatif)

Le sirop de gingembre
Éplucher le gingembre, le couper en rondelles, puis le passer au hachoir. Dans une grande casserole, mettre l'eau et porter à ébullition. Ajouter le sucre, attendre qu'il se dissolve puis ajouter le gingembre mixé et la gousse de vanille. Faire cuire 1 h à petits bouillons. Filtrer le sirop en le versant dans un chinois. Le laisser refroidir, puis le conserver dans une bouteille au frais.

Le cocktail
Couper le maracuja en 2 (½ par verre). Découper 1 citron vert en quartiers. Presser le second citron. Laver les feuilles de menthe. Couper un quartier de citron vert, le faire glisser tout autour du bord d'un verre (style mojito) pour l'humidifier. Tremper aussitôt le bord du verre dans le sucre de canne.

Dans chaque verre, mettre 1 c. à soupe de sucre vanillé, 1 c. à soupe de sirop de gingembre, 1 c. à café de jus de citron vert, la pulpe d'1/2 maracuja, quelques glaçons et compléter avec l'eau gazeuse. Décorer avec les quartiers de citron vert et les feuilles de menthe.

LISTE DES INGRÉDIENTS — 2 PERS.

- **Huîtres**
- 1 morceau de **gingembre** de 5 cm environ
- 2 gousses d'**ail**
- 2 **piments oiseaux rouges**
- 6 c. à s. de **sauce nuoc-mâm**
- 1 **citron**
- 1 c. à c. de **sucre**

HUÎTRES ET SAUCE GINGEMBRE-PIMENT

LA RECETTE

RECETTE SECRÈTE

PRÉPARATION 10 MIN

Éplucher le gingembre et l'ail. Les écraser avec les piments oiseaux dans un mortier avec un pilon. Ajouter le nuoc-mâm, le sucre, le jus d'un citron et mélanger. Réajuster l'assaisonnement selon le goût souhaité. Servir avec les huîtres.

MOULES THAÏES

LA RECETTE

RECETTE SECRÈTE

PRÉPARATION 20 MIN - CUISSON 15 MIN

LISTE DES INGRÉDIENTS – 2 PERS.

- 2 kg de **moules**
- 3 gousses d'**ail**
- 2 **piments oiseaux rouges** (facultatif)
- 20 g de **coriandre**
- 1 **oignon**
- 1 morceau de 5 cm de **galanga**
- 3 bâtons de **citronnelle**
- 60 g de **basilic thaï**
- 10 **feuilles de citron**
- 1 c. à s. de **sauce d'huître**
- 1 c. à s. de **pâte de curry rouge**
- 1 c. à s. de **sauce de soja**
- 2 c. à s. de **sauce nuoc-mâm**
- 150 ml de **bouillon de poule**
- 200 ml de **lait de coco**
- 1 **citron vert**
- **Huile de tournesol**

Nettoyer et rincer les moules. Hacher l'ail, les piments oiseaux et la coriandre. Émincer l'oignon. Découper le galanga en lamelles. Couper les 2 extrémités des bâtons de citronnelle, retirer la première feuille. Couper les bâtons en 2 dans le sens de la longueur puis les recouper en 2 tronçons. Effeuiller le basilic.

Dans une grande marmite avec de l'huile, faire revenir l'ail, l'oignon, la citronnelle, le galanga, les feuilles de citron et le piment haché. Ajouter la sauce d'huître, la pâte de curry rouge, la sauce de soja, le nuoc-mâm et laisser suer à feu doux quelques minutes.

Ajouter le bouillon de poule et le lait de coco et porter à ébullition. Plonger les moules dans la marmite, mélanger et couvrir. Faire cuire jusqu'à ce que les moules s'ouvrent puis baisser le feu. Ajouter 1 c. à café de jus de citron vert, les feuilles de basilic et couvrir à nouveau pendant 5 min.

Le dressage

Disposer les moules et leur petit bouillon curry-coco dans des assiettes creuses, des marmites à moules ou des mini-cocottes en fonte. Parsemer de coriandre et de quelques zestes de citron vert.

Conseil

Accompagner de riz thaï mais pas de frites !

MI-CUIT CHOCOLAT GINGEMBRE CITRON VERT

LA RECETTE

RECETTE SECRÈTE

PRÉPARATION 10 MIN - REPOS 30 MIN - CUISSON 8 MIN

LISTE DES INGRÉDIENTS
2 PERS.

- 50 g de **chocolat noir à 70 %**
- 1 morceau de **gingembre** (2 cm)
- 1 **citron vert**
- 25 g de **beurre**
- 2 **œufs**
- 25 g de **sucre**
- 1 pincée de **sel**
- 20 g de **farine**
- Quelques **fruits rouges**, de la **chantilly**...

Préchauffer le four à 200 °C. Râper le gingembre. Presser le citron vert.

Faire fondre le chocolat noir et le beurre au bain-marie ou au micro-ondes.

Dans un saladier, battre les œufs et le sucre quelques minutes. Ajouter le gingembre râpé, quelques zestes de citron (en garder pour le topping), 1 pincée de sel et incorporer le beurre et le chocolat noir fondus. Mélanger.

Ajouter la farine tamisée et mélanger, puis laisser reposer 30 min au frais.

Beurrer les moules si nécessaire. Les remplir aux trois quarts. Faire cuire 8 min au four et les sortir aussitôt.

Servir avec des fruits rouges, de la chantilly...

BOUILLON D'AGNEAU-CITRONNELLE

Si je vous ai beaucoup raconté d'anecdotes en lien avec mon enfance jusqu'ici, celle-ci prend naissance en plein cœur de l'adolescence… Ce qu'il y a de génial avec la cuisine de ma mère, c'est qu'elle est évolutive : elle s'adapte aux saisons, aux goûts mais aussi aux contraintes physiques de la vie.

Jusqu'à l'adolescence, nos palais d'enfants rejetaient les viandes fortes en goût comme l'agneau, le mouton ou la chèvre... Quand notre mère eût finit de nous sevrer et ainsi d'affûter nos palais, elle commença à introduire discrètement des pièces de viande rouge plus fortes en goût qu'habituellement. C'est ainsi qu'est apparu le bouillon d'agneau-citronnelle. Un bouillon clair et ses herbes parfumées qui embaument l'appartement jusque sur le palier. D'abord consommé comme un plat en sauce versé sur un bol de riz, il fallut quelque temps avant qu'il se suffise à lui-même et intègre officiellement la grande famille des soupes et bouillons.

Il est une espèce de petit frère illégitime de la cuisine familiale, un genre de bâtard culinaire, un Jon Snow de la gastronomie. On ne l'a découvert qu'à l'âge pré-adulte car les palais ne l'acceptaient pas, puis il s'est frayé un chemin sur la table des grands jusqu'à siéger sur le trône. Aujourd'hui les enfants continuent de le rejeter en raison de sa force de caractère mais il est aimé des guerriers et guerrières. Apprécié de toutes les maisons pour sa chaleur, son blason est un mouton de combat à cornes.

BOUILLON D'AGNEAU-CITRONNELLE

LA RECETTE

PRÉPARATION 20 MIN - CUISSON 1 H 30

Dégraisser les colliers d'agneau, puis les plonger 10 min dans de l'eau bouillante pour retirer les impuretés. Couper les 2 extrémités des bâtons de citronnelle, retirer les premières feuilles puis les couper en 2. Tailler les échalotes en lamelles. Hacher les gousses d'ail. Couper le galanga en fines rondelles. Ciseler la ciboulette.

Dans une marmite, faire chauffer l'huile de tournesol. Ajouter l'ail, les échalotes, le galanga, la citronnelle et les feuilles de citron. Ajouter la viande et la saisir à feu moyen. Ajouter la sauce d'huître, le nuoc-mâm, une pincée de sel et du poivre. Saisir le tout, puis verser 4 litres d'eau. Couvrir et laisser mijoter pendant 1 h 30 à feu moyen.

Servir le bouillon et la viande dans un bol. Saupoudrer de ciboulette

LISTE DES INGRÉDIENTS — 5 PERS.

- 10 colliers d'agneau
- 3 bâtons de citronnelle
- 3 échalotes
- 3 gousses d'ail
- 60 g de galanga
- 2 branches de ciboulette
- 3 c. à s. d'huile de tournesol
- 10 feuilles de citron
- 3 c. à s. de sauce d'huître
- 2 c. à s. de sauce nuoc-mâm
- Sel et poivre

KHAO PIAK SEN

Si ce plat n'était pas un classique de la cuisine lao, je jurerais qu'il a été inventé par les Italiens. Avec ses pâtes aux farines de riz et de tapioca et son bouillon de poule, il prend des allures de linguine plongées dans un bain d'eau méditerranéen. La coriandre, apposée en touche finale au sommet du tourbillon de larges spaghettis, apporte couleur et fraîcheur...

La préparation est très rustre. Des bruits de torture s'échappent de la cuisine lorsque l'eau très chaude est versée sur les farines, qui doivent être immédiatement mélangées pour obtenir une belle pâte lisse. Cette eau qui ébouillante le commun des mortels dans son ensemble… mais ne semble pas avoir de prise sur les mains cuirassées de ma mère.

Quant à la farine, elle se répand inévitablement dans toute la cuisine, changeant la pièce en véritable réserve de boulangerie (ou en laboratoire de cocaïne du Triangle d'or selon mon mari).

Une fois la pâte obtenue, on empile les étages de la préparation pour les découper de façon symétrique, le tout au couteau bien sûr.

Vous me direz qu'il serait plus simple d'acheter directement les pâtes toutes faites, et vous auriez sûrement raison… mais quel dommage de se priver de ces pâtes au goût cent fois supérieur à celui des pâtes industrielles, d'une bonne matinée de rire en famille dans la cuisine, et d'un savoir-faire ancestral inestimable. Parfois gagner du temps, c'est perdre tant !

KHAO PIAK SEN

LA RECETTE

PRÉPARATION 45 MIN - CUISSON 45 MIN

Les pâtes

Dans un grand saladier, mélanger les 2 farines et le sel. Dans une casserole, faire bouillir 500 ml d'eau, puis la verser dans le saladier. Bien mélanger à l'aide d'une spatule en bois puis finir le pétrissage à la main jusqu'à l'obtention d'une pâte lisse. Former une boule. Diviser la boule en 4 à 5 morceaux puis les recouvrir d'un torchon afin que la pâte ne sèche pas.

Saupoudrer le plan de travail de farine de tapioca, puis commencer à travailler un morceau de pâte. Fariner la pâte et, à l'aide d'un rouleau à pâtisserie, l'étaler sur une épaisseur de 5 mm environ. Faire la même chose avec les autres morceaux. Superposer les pâtes étalées en parsemant chaque couche de farine de tapioca et les découper en bandes d'environ 5 mm de largeur. Mettre les pâtes dans un grand saladier, les parsemer de farine de tapioca et les recouvrir d'un torchon.

Faire bouillir une marmite d'eau et y plonger les pâtes jusqu'à la cuisson souhaitée. Les verser dans une passoire et les passer sous l'eau froide afin qu'elles ne se collent pas entre elles.

Le bouillon

Mettre 6 litres d'eau dans une marmite. Porter à ébullition. Ajouter les cubes de bouillon, le sel, le poivre et la sauce de soja. Ajouter l'oignon entier et le poulet (préalablement coupé en 2). Faire cuire pendant 45 min environ.

Une fois le poulet cuit, le retirer puis le désosser et effilocher la viande.

Les échalotes frites

Émincer finement les échalotes. Dans une petite casserole, faire chauffer l'huile. Ajouter les échalotes et laisser dorer en mélangeant de temps en temps. Retirer aussitôt du feu et les sortir à l'aide d'une écumoire. Les déposer sur du papier absorbant. Laisser refroidir à l'air frais jusqu'à ce qu'elles sèchent.

Le dressage

Ciseler la ciboulette et la coriandre. Dans de grands bols, répartir les pâtes puis verser le bouillon bien chaud. Ajouter le poulet, les échalotes frites et les herbes.

LISTE DES INGRÉDIENTS 8 PERS.

Les pâtes
- 1 sachet de **farine de riz** (250 g)
- 2 sachets de **farine de tapioca** (250 g)
- 1 c. à c. de **sel**

Le bouillon
- 1 **poulet fermier** (ou 2 kg de poulet, cuisses ou pilons)
- 4 cubes de **bouillon de poule**
- 1 c. à s. de **sauce de soja**
- 1 **oignon** entier
- 1 c. à c. de **sel**
- 1 c. à c. de **poivre**

Les échalotes frites
- 170 g d'**échalotes**
- **Huile de tournesol**

Le dressage
- 60 g de **ciboulette**
- 30 g de **coriandre**

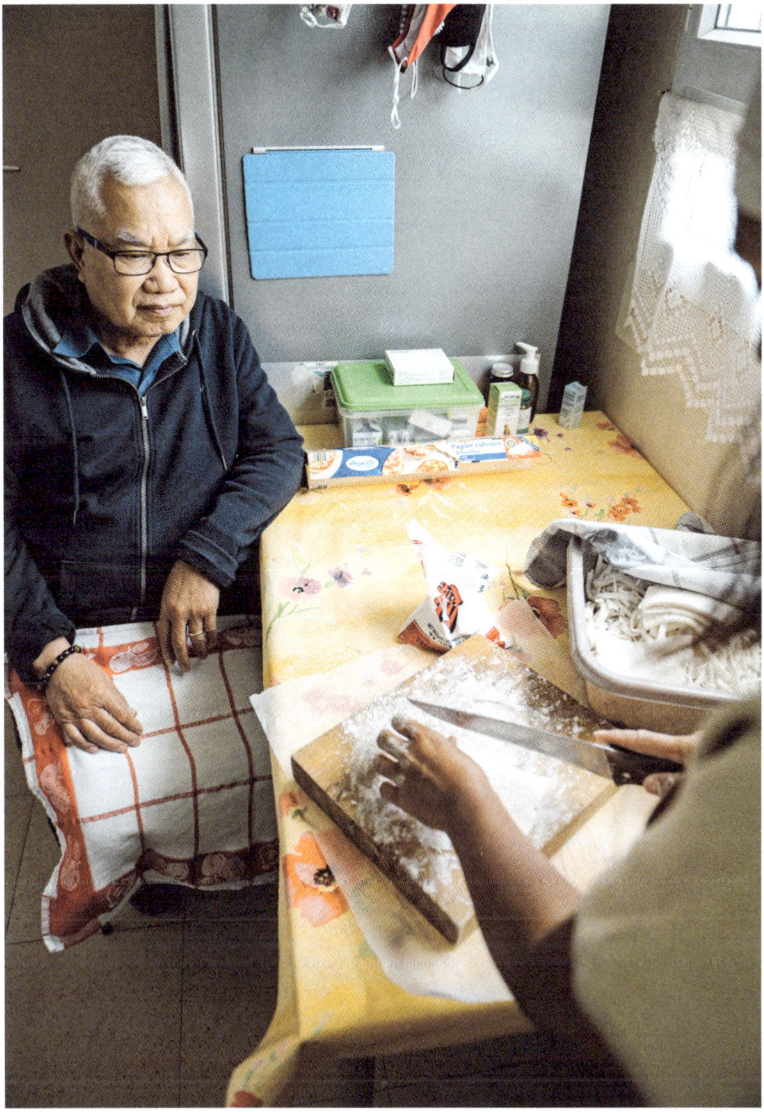

BANH XÉO
MISSION MSEMENS
ORIGINES MAGHREB
ATOUT ULTRA DÉTER
DEFAUT LE HAUT NIVEAU DE SA RIVALE
MISSION BANH XÉO
ORIGINES ASIE
ATOUT CUISINIÈRE HORS PAIR
DEFAUT ASKIP C'EST PAS DES CRÊPES
Team MSEMENS du daron !!!
Team BANH XÉ de la daronne !
J'rigole même pas avec vous moi.
C'est pas les vakhances ici !
LAIT

Tous les prétextes sont bons pour faire la fête et toutes les fêtes sont de bons prétextes… C'est ce principe qui nous guide quand il s'agit de découvrir de nouvelles saveurs. Ainsi, vous nous verrez sûrement célébrer certains offices complètement éloignés de nos cultures respectives et dont nous ne connaissons que très peu la tradition, uniquement motivés par le folklore gastronomique qui les entoure.

C'est dans cet état d'esprit que Mardi Gras est devenu un « fooding gag » qui revient chaque année. Puisqu'il s'agit de crêpe, alors nous crêpons quasiment toute la journée. Dès l'aube, la crêpière de compétition est de sortie. Avec chacun de ses six compartiments correspondant exactement à chaque membre de la famille (Médine compte double sur l'échelle de Crêpière), les pancakes rôtissent toute la matinée.

Jusqu'ici rien de très différent de ce qui se passe habituellement. La suite s'est installée comme un défi international, voire interculturel, entre nous, chacun défendant une nation avec pour logo sur l'étendard : la crêpe. Sorte de Jeux olympiques de la crêpe avec l'équipe franco-algérienne constituée de Massoud et Médine et l'équipe franco-laotienne composée de Mekka et moi-même. Genghis naviguant sous pavillon pirate et allant, comme bon lui semble, entre les deux équipes. Il est vrai qu'il est difficile de rivaliser avec le Maghreb et ses fameuses crêpes aux 1 000 trous ou encore ses majestueuses msemens. C'est à ce moment précis que notre équipe de filles révèle sa botte secrète : les banh xéo. Crêpes vietnamiennes salées à base de farine de riz et de lait de coco… La farce est composée de poulet haché au curry, de pousses de soja… Une petite dose de curcuma lui confère une couleur jaune, ce qui lui vaut les dénigrements sous forme de trash-talking de ses détracteurs (notamment l'équipe DZ), qui la qualifient de simple omelette. Répondez simplement avec aplomb : « Une omelette pour les zhommelettes. »

BANH XÉO

LA RECETTE

PRÉPARATION 25 MIN - REPOS 1 H - CUISSON 6 MIN PAR CRÊPE

La pâte à crêpes
Dans un grand saladier, mélanger tous les ingrédients secs (farine de riz, sucre, sel, curcuma) puis ajouter au centre le lait de coco. Mélanger et ajouter l'eau puis mélanger à nouveau. Une fois que la pâte est bien lisse, incorporer la ciboulette finement hachée. Couvrir le saladier et laisser reposer une bonne heure au frais.

La farce
Hacher les filets de poulet. Découper les oignons en lamelles. Hacher l'ail.

Dans un wok, faire chauffer 3 c. à soupe d'huile puis ajouter l'oignon et l'ail. Faire revenir quelques minutes et ajouter la viande, la sauce d'huître, la sauce nuoc-mâm, la sauce de soja, le curry et le poivre. Bien mélanger jusqu'à ce que la viande soit cuite et ajouter la ciboulette ciselée.

Faire blanchir les pousses de soja dans de l'eau bouillante pendant 3 min puis les passer sous l'eau froide et les égoutter.

La réalisation d'une crêpe
Huiler une poêle bien chaude et y verser une louche de pâte (ou plus selon la taille de la poêle, il en faut assez pour recouvrir la surface de la poêle). Baisser à feu doux pendant 3 min à couvert. Ajouter 2 c. à soupe de farce et 2 c. à soupe de pousses de soja sur une moitié de la crêpe puis remettre le couvercle pour 3 min à feu doux. Retirer le couvercle, plier la crêpe et la déposer délicatement sur une assiette.

Pour la dégustation, prendre une feuille de batavia, mettre de la coriandre, une feuille de menthe, couper un bout de crêpe farcie et refermer la salade autour de la crêpe. Plonger dans la sauce nems et se régaler !

LISTE DES INGRÉDIENTS – 6 PERS.

La pâte à crêpes
- 300 g de **farine de riz**
- 1 c. à c. de **sucre en poudre**
- 1 c. à c. de **sel**
- 1 c. à s. de **curcuma**
- 500 ml de **lait de coco**
- 300 ml d'**eau**
- 2 branches de **ciboulette**

La farce
- 600 g de **filets de poulet**
- 2 **oignons**
- 4 gousses d'**ail**
- 1 c. à s. de **sauce d'huître**
- 1 c. à s. de **sauce nuoc-mâm**
- 1 c. à s. de **sauce de soja**
- 1 c. à s. de **curry jaune** en poudre
- 1 pincée de **poivre**
- 2 branches de **ciboulette**
- 300 g de **pousses de soja**
- **Huile de tournesol**

Les accompagnements
- 1 **batavia**
- 70 g de **coriandre**
- 70 g de **menthe**
- **Sauce nems** (voir recette p. 132)

BANH CUON

Le banh cuon, c'est une crêpe salée chaude et translucide. Si les Bretonnes font sauter les crêpes, les Laotiennes les font « claquer ». En effet, la texture de la pâte nécessite de retourner la poêle avec vitesse et précision… en la frappant violemment sur le plan de travail, afin qu'aucune partie ne s'agglutine, au risque de gâcher la base des crêpes.

Un procédé qui ne manque pas d'étonner les gourmands dans l'attente du repas, puisque chaque coup de poêle provoque une détonation dont le niveau de décibels est équivalent à celui d'un coup de feu. Le bruit du métal qui s'entrechoque sur la planche en bois posée sur le plan de travail transforme la cuisine en terrain de chasse ou de tir sportif.

Plusieurs fois, j'ai surpris ma famille dans un moment de détente avec mes tirs de kasserolenikov... Sachez que personne dans votre foyer, voire même dans tout le pâté de maison, ne pourra ignorer que c'est le jour des crêpes vietnamiennes.

LISTE DES INGRÉDIENTS — 6 PERS.

La farce
- 600 g de **poulet**
- 40 g de **champignons noirs déshydratés**
- 2 **oignons**
- 4 gousses d'**ail**
- 1 c. à s. de **sauce d'huître**
- 2 c. à s. de **sauce nuoc-mâm**
- 1 c. à s. de **sauce de soja**
- **Huile**
- **Poivre**

La pâte
- 400 g de **farine de tapioca**
- 400 g de **farine de riz**
- 1 c. à c. de **sel**
- 40 ml d'**huile**
- 2 l d'**eau**
- 20 g de **ciboulette**

Les accompagnements
- **Sauce nems** (voir recette p. 132)
- 8 **échalotes**
- 50 g de **cacahuètes concassées**
- **Huile**

Un conseil : pensez à mettre un message d'excuse dans votre hall d'immeuble à destination des voisins.

BANH CUON

LA RECETTE

PRÉPARATION 15 MIN - REPOS 30 MIN - CUISSON 30 MIN

La farce
Faire tremper les champignons noirs dans de l'eau tiède pendant 30 min. Les passer sous l'eau pour les rincer. Découper la partie dure des champignons, les couper grossièrement et les passer au hachoir. Découper les oignons en dés. Écraser les gousses d'ail et les hacher. Découper la viande de poulet en morceau et la passer au hachoir.

Dans un grand faitout, mettre 4 c. à soupe d'huile. Une fois que l'huile est bien chaude, ajouter l'ail et les oignons et mélanger. Ajouter le poulet et les champignons, la sauce d'huître, la sauce nuoc-mâm, la sauce de soja et du poivre. Mélanger le tout en incorporant bien les sauces dans la viande. Après cuisson, réserver la farce dans un grand saladier.

La pâte
Dans un grand récipient, mettre les 2 types de farine, ajouter le sel, l'huile et l'eau au fur et à mesure, puis mélanger. Lorsque la pâte est bien homogène, ajouter la ciboulette finement hachée.

La cuisson des crêpes
Préparer le plan de travail avant de commencer la cuisson des crêpes : prendre une planche en bois et y déposer une feuille d'aluminium pour éviter que la pâte ne colle. Huiler une poêle d'une vingtaine de centimètre. Dès qu'elle est bien chaude, verser une louche de pâte et la répartir rapidement. Recouvrir la poêle et laisser cuire d'un côté uniquement, à feu moyen, pendant 1 min. Une fois la crêpe cuite, retourner d'un coup sec et franc la poêle sur la planche en bois et procéder aussitôt au garnissage.

L'assemblage
Mettre 1 c. à soupe de farce sur une moitié de la crêpe et la refermer la en pliant les côtés puis en la roulant et en enfermant bien la farce.

Les accompagnements
Émincer finement les échalotes. Dans une petite casserole, une fois que l'huile est chaude, mettre les échalotes émincées et laisser dorer en mélangeant de temps en temps. Retirer aussitôt du feu puis les récupérer à l'aide d'une écumoire et les déposer sur du papier absorbant. Laisser refroidir à l'air frais jusqu'à ce qu'elles sèchent.

Disposer les crêpes garnies côte à côte, les parsemer de cacahuètes concassées et d'échalotes frites, puis ajouter la sauce nems. Vous pouvez aussi ajouter du piment oiseau ciselé.

BO BUN

Tadaaaam !
Qui va se régaler de
restes de la semaine
Rhooo, tu adores le bo bun, tu vas adorer ce que maman a préparé !
BACK TO THE 90'S

On appelle ça une glace bo bun !
Du froid, du chaud, du salé, du sucré...
Votre grand-mère me le faisait en gratin quand j'étais jeune !

Bien avant la déferlante des poke bowls à l'hawaïenne sur le territoire français, si l'on avait envie d'une salade exotique, c'est un bo bun que l'on commandait.

Sans vraiment connaître son origine exacte, je me suis toujours dit que ça devait être un repas de fin de semaine de « maman à court d'idées » puisqu'on y retrouve toutes sortes d'aliments qui n'ont pas vraiment de lien entre eux. De la friture avec de la fraîcheur, du chaud et du froid, du végétal et de l'animal, du sucré et du salé... Un véritable yin et yang culinaire.

Il se peut que je fasse fausse route concernant l'origine de ce plat, mais en tout cas, moi, je l'aborde de cette façon. Quand il ne reste que 3 nems pour 5, seulement une portion de bœuf aux oignons pour nourrir toute une famille et que le soja de la veille est juste suffisant pour tenir dans une poignée, alors faites-en un pot-pourri et vous obtiendrez une quantité générale idéale pour nourrir un régiment.

Le bo bun devrait s'appeler le miracle de la multiplication des bols. Je me sens comme Jésus de Nazareth il y a plus de 2 millénaires, réussissant à nourrir toute une ville à partir d'une seule brioche d'origine. Ceci dit, pour ma famille, c'est plutôt la quantité d'un continent entier que je devrais fournir, lol !

BO BUN

LA RECETTE

PRÉPARATION 35 MIN - CUISSON 20 MIN

Tremper les vermicelles 20 min dans de l'eau froide, puis les faire cuire 10 min à l'eau bouillante. Les égoutter dans une passoire et les rincer à l'eau froide.

Émincer finement la viande dans le sens contraire de ses fibres pour plus de tendresse. Ajouter 2 c. à soupe d'huile, la sauce d'huître, la sauce de soja, le curry (si vous le souhaitez), 1 pincée de sel et du poivre. Mélanger puis ajouter la Maïzena®. Mélanger à nouveau et laisser au frais le temps de préparer le reste de la recette.

Couper le concombre en 2 dans le sens de la longueur, puis en fines tranches. Superposer les feuilles de batavia et les découper en lamelles. Râper les carottes. Couper les oignons en lamelles. Hacher les gousses d'ail. Concasser les cacahuètes. Ciseler la coriandre et la ciboulette. Laver les feuilles de menthe. Ciseler les piments oiseaux (si vous en utilisez). Découper les nems en 3 ou 4 morceaux.

Dans un wok, faire revenir dans 2 c. à soupe d'huile les oignons et l'ail. Ajouter la viande émincée et la faire revenir à feu vif. Parsemer de ciboulette.

Le dressage

Dans un grand bol, commencer par mettre les vermicelles, puis ajouter les légumes (batavia, carotte, concombre), puis la viande et les nems. Ajouter la coriandre ciselée, éventuellement les piments oiseaux, et terminer par la sauce nems.

LISTE DES INGRÉDIENTS – 5 PERS.

- 450 g de **vermicelles de riz**
- 650 g de paleron de **bœuf**
- 1 c. à s. de **sauce d'huître**
- 2 c. à s. de **sauce de soja salée**
- 1 c. à c. de **curry** (facultatif)
- 1 c. à s. de **Maïzena®**
- 1 **concombre**
- 1 **batavia**
- 250 g de **carottes**
- 2 **oignons**
- 4 gousses d'**ail**
- 50 g de **cacahuètes grillées**
- 6 branches de **coriandre fraîche**
- 3 tiges de **ciboulette fraîche**
- 15 feuilles de **menthe fraîche**
- **Piments oiseaux** (facultatif)
- **Nems** (compter 2 par pers, si possible)
- **Sauce nems** (voir recette p. 132)
- **Huile**
- **Sel** et **poivre**

KHOUA SINE

J'ai bossé dessus toute la nuit !
Ça vous donne pas super faim ?
Allez hop, c'est décidé, je décongèle les palerons.

J'vais bé-ger, c'est sûr !
C'est elle qu'a la vache folle !
Mais, il est 7 h du mat' !
MIEL KHAN

La meilleure partie choisie avec amour !
Mais c'est cru ton truc là !
J'préférerais que tu m'aimes un peu moins du coup là.

Si sa facilité de réalisation et sa rapidité de préparation restent immuables, le bœuf aux oignons possède 1 001 variantes qui permettent de composer avec les fonds de tiroir. Déclinable avec des haricots mange-tout, des brocolis, des courgettes... La constante de ce plat, c'est le bœuf et les oignons qui doivent être parfaitement exécutés.

Attention toutefois à bien choisir du paleron de bœuf et non son foie. Une fois, ma mère le prépara avec du foie, ce qui n'a, ma foi, pas du tout eu le même effet sur mes frères et sœurs et moi-même et nous fit perdre la foi quelques temps en khoua sine.

Ce n'est que quelques années plus tard, après mon mariage, alors que j'exécutais toutes sortes de plats pour séduire l'un des autres organes indispensables de l'amour, « l'estomac », qu'il refit surface.

Parmi la multitude de menus que je réalisais à l'époque, très peu font encore partie aujourd'hui de ma cuisine hebdomadaire. Celui-ci a survécu aux périodes de vache maigre comme de vache grasse (comprenez à nos régimes diététiques intenses pour perdre du poids et à nos relâchements perpétuels). Khoua sine constitue un très bon compromis puisqu'il associe fibres, protéines et glucides, ce qui en fait un plat à la fois relativement sain et particulièrement goûtu... ce qui est assez rare !

KHOUA SINE

LA RECETTE

PRÉPARATION 10 MIN - MARINADE 30 MIN - CUISSON 20 MIN

Émincer finement le bœuf et le mettre dans un grand bol. Ajouter la sauce d'huître, la sauce de soja, 1 pincée de sel, 1 pincée de poivre, 2 c. à soupe d'huile et mélanger. Recouvrir la viande et laisser reposer 30 min au frais.

Laver et effiler les haricots mange-tout. Les faire cuire à l'eau bouillante salée 10 min puis stopper la cuisson en les passant sous l'eau froide.

Couper les oignons en lamelles. Hacher l'ail. Faire bien chauffer un wok. Ajouter 2 c. à soupe d'huile puis les oignons et la moitié de l'ail (garder l'autre moitié pour les haricots mange-tout). Laisser dorer légèrement puis ajouter la viande et faire cuire quelques minutes à feu vif.

Dans un petit verre, délayer la fécule de maïs avec 5 c. à soupe d'eau puis verser ce mélange dans le wok. Mélanger à nouveau et réserver le bœuf aux oignons dans une assiette.

Dans le même wok, faire chauffer 1 c. à soupe d'huile, puis ajouter l'ail restant et les haricots mange-tout. Remettre le bœuf aux oignons. Remuer le tout pendant 5 min.

Conseil
Servir avec du riz thaï parfumé.

LISTE DES INGRÉDIENTS 5 PERS.

- 800 g de **paleron de bœuf**
- 2 c. à s. de **sauce d'huître**
- 1 c. à s. de **sauce de soja** épaisse
- 400 g de **haricots mange-tout**
- 3 **oignons**
- 4 gousses d'**ail**
- 1 c. à c. de **fécule de maïs**
- **Huile**
- **Sel** et **poivre**

POULET CARAMEL

Chaque samedi matin de mon enfance, ma mère rentrait du marché avec un panier tressé en osier contenant un poulet encore vivant à l'intérieur. Mes frères, ma sœur et moi étions terrorisés de la scène de boucherie *home made* qui s'ensuivait. Saignée au couteau qui laissait une odeur de sang chaud dans toute la maison, plumage manuel digne d'une scène de magie vaudou, grillage des poils sur la gazinière ambiance Brésil « Cité de Dieu »...

En parlant de Dieu, c'est d'ailleurs pour cette raison qu'aujourd'hui cette pratique a disparu. Ma mère décida de s'investir davantage dans sa foi bouddhiste et dut raccrocher le sabre car cette besogne n'est pas permise pour les jeunes femmes religieuses. Tous nos plats à base de poulet, dont le poulet au caramel, furent réinterprétés à base de viande porcine (un animal moins noble certainement ou plus difficile à « plumer » soi-même).

Mais, des années plus tard, l'œuvre de l'amour vint remédier à cette disparition prématurée de la volaille du samedi matin. J'épousai celui qui continue aujourd'hui de partager ma vie et, voulant lui faire découvrir toutes les saveurs de ma culture, je lui parlai du fameux porc caramel qu'il ne goûterait sûrement jamais. Mais, puisqu'il était possible de réaliser des nems au poulet, qu'est-ce qui m'empêchait de faire du porc caramel au poulet ? J'ai donc commencé à recuisiner cette recette en occultant l'étape du poulet vivant, pour le plus grand bonheur de toute ma famille.

Si on résume donc, le poulet disparut environ vers l'an 3100 de l'année bouddhiste, fut remplacé en 1999 après Jésus-Christ, pour être à nouveau destitué par le calife volaille en 1423 de l'année lunaire... Les croisades ont certainement dû débuter comme ça.

POULET CARAMEL

LA RECETTE

PRÉPARATION 25 MIN - CUISSON 1 H 10

Dans une casserole d'eau bouillante, faire cuire les œufs 10 min puis les écaler. Faire tremper les champignons. Retirer la partie dure et les couper en lamelles.

Couper les carottes en biseau. Émincer les échalotes. Couper les extrémités des bâtons de citronnelle et retirer la première couche de feuilles. Émincer finement le galanga. Hacher l'ail. Dégraisser le poulet et couper la partie inférieure des pilons.

Dans une marmite à feu doux, chauffer l'huile et le sucre. Mélanger jusqu'à obtenir un caramel puis ajouter les pilons de poulet et bien mélanger. Ajouter les bâtons de citronnelle, le galanga, les échalotes et l'ail.

Ajouter la sauce d'huître, la sauce de soja claire, la sauce soja épaisse, la sauce nuoc-mâm et du poivre. Mélanger le tout et verser 1,5 litre d'eau. Couvrir et laisser mijoter 40 min.

Ajouter les carottes et les champignons, laisser revenir 5 min puis ajouter enfin les œufs durs entiers. Laisser mijoter 10 min puis retirer du feu. Parsemer de coriandre et de ciboulette.

Suggestion
Accompagner de riz parfumé.

LISTE DES INGRÉDIENTS – 5 PERS.

- 10 pilons de **poulet**
- 10 **œufs**
- 40 g de **champignons parfumés déshydratés (shiitakés)**
- 4 **carottes**
- 4 **échalotes**
- 2 **bâtons de citronnelle**
- 1 morceau de **galanga** (environ 5 cm)
- 5 gousses d'**ail**
- 3 c. à s. d'**huile de tournesol**
- 100 g de **sucre**
- 2 c. à s. de **sauce d'huître**
- 2 c. à s. de **sauce de soja claire**
- 2 c. à s. de **sauce de soja saveur champignon** (épaisse)
- 2 c. à s. de **sauce nuoc-mâm**
- 4 branches de **coriandre**
- 2 branches de **ciboulette**
- 1 pincée de poivre

MOK PA

Le mok pa, ce n'est ni plus ni moins que le Laos tout entier dans une papillote : un origami de feuille de bananier dissimulant un cœur fondant de chair de poisson cuit à la vapeur.

Sa présentation en fait une véritable pochette-surprise qui stimule notre curiosité dès le dressage des assiettes.

Sa cuisson dans un panier en osier posé sur une marmite en métal donne l'impression d'extraire de l'or d'une rivière précieuse.

Jamais, de mémoire de Laotienne, le mok pa n'aura déçu un seul visiteur affamé... Bien que l'exception à la règle soit survenue un jour d'été, de retour d'un ravitaillement trimestriel chez Tang Frères avec mes parents. Le poisson malencontreusement décongelé dans la voiture non climatisée fut remis au freezer par inadvertance...

Ce poisson-chat deux fois refroidi fut servi quelques jours plus tard au plus friand des Beaufils qui, comme à son habitude, l'engloutit et fut pris d'une virulente intoxication alimentaire. Bilan : 3 jours de vomissements, 12 mois de réticence au mok pa, une belle mère qui culpabilise et des milliers de poissons sauvés d'un appétit gargantuesque.

MOK PA (PAPILLOTE DE POISSONS)

LA RECETTE

PRÉPARATION 35 MIN - TREMPAGE 20 MIN - CUISSON 45 MIN À 1 H

LISTE DES INGRÉDIENTS – 5 PERS.

- 600 g de **saumon frais**
- 500 g de **malanga** (ou malangwa)
- 50 g de **riz gluant cru**
- 3 gousses d'**ail**
- 4 **échalotes**
- 2 branches d'**aneth**
- 2 branches de **basilic thaï**
- 3 tiges de **ciboulette**
- 6 feuilles de **citron**
- 1 morceau de **galanga** de 5 cm
- 2 bâtons de **citronnelle**
- 1 c. à c. de **pâte de curry rouge**
- 2 c. à s. de **sauce d'huîtres**
- 2 c. à s. de **lait de coco**
- **Piment oiseau rouge** (facultatif)
- 1 **feuille de bananier** (on peut les trouver fraîches ou surgelées dans les épiceries asiatiques)

Laver le riz et le laisser tremper une vingtaine de minutes. L'égoutter et le passer au hachoir pour le moudre. Une fois qu'on a obtenu une poudre, ajouter 1 verre d'eau et mélanger (l'eau de riz est blanche).

Hacher l'ail et émincer les échalotes finement. Réserver dans un bol. Hacher l'aneth, les feuilles de basilic et la ciboulette. Réserver dans un bol. Hacher finement au couteau les feuilles de citron.

Couper le galanga et les bâtons de citronnelle et les passer au hachoir. Retirer la peau du saumon et du malanga et les découper en morceaux.

Dans un saladier, mettre les morceaux de poisson puis ajouter la pâte de curry rouge, la sauce d'huître, le lait de coco, les feuilles de citron, le galanga, la citronnelle, les échalotes, l'ail, l'aneth, le basilic et la ciboulette. Mélanger le tout à la main. Verser en dernier le verre de jus de riz et mélanger à nouveau.

Le montage de la papillote

Sur une feuille d'aluminium d'environ 30 cm de côté, déposer un morceau de film alimentaire d'environ 25 cm et enfin une feuille de bananier d'environ 25 cm de longueur et 20 cm de largeur (il est possible de faire plus petit). Mettre 6 à 8 c. à soupe de farce (ou moins selon la taille que vous souhaitez obtenir). Ajouter éventuellement un piment oiseau rouge entier au milieu de la farce.

Joindre les 2 parties de l'aluminium vers le haut et refermer sur les 2 côtés. Ne pas hésiter à refaire des plis pour un bon maintien lors de la cuisson. Faire cuire 45 min à 1 h à la vapeur (selon la taille de la papillote).

Servir avec du riz thaï parfumé.

BROCHETTES DE BŒUF À LA CITRONNELLE

La saison des barbecues commence très tôt et se termine très tard chez nous. Environ de mars à septembre. Bien que la Normandie soit parmi les régions les plus fraîches, un microclimat nous permet d'avoir les quatre saisons en l'espace d'une journée. Il faut juste savoir lire la météo et trouver le couloir d'accalmie qui vous permettra de griller vos brochettes à l'abri de la pluie seino-marine. Par contre, quand les brochettes à la citronnelle frémissent dans la gueule du barbecue familial et que le parfum embaume jusqu'à deux pâtés de maison, il y a bien une chose qui ne varie jamais, qu'il pleuve, qu'il vente ou qu'il neige : c'est Tonton Pheng.

Tonton Pheng est à la fois mon frère cadet et mon voisin. Sa maison quasi mitoyenne à la nôtre nous offre la possibilité de nous voir régulièrement. Il est fréquent qu'il passe sa tête du côté de notre jardin pour voir ce qui s'y passe. Ça a ses avantages lorsque nous sommes en déplacement, nous avons une caméra de surveillance humaine.

Mais au grand dam de mon époux, Tonton Pheng semble posséder un flair infaillible qui lui sert de radar et lui permet de renifler les effluves de grillades à des kilomètres. Les vents d'ouest, très fréquents dans notre région, portent la fumée jusqu'à sa baie vitrée, ce qui déclenche un réflexe automatique chez lui : celui de monter sur la corniche pour placer ses deux mains au sommet du petit muret qui nous sépare, laissant dépasser uniquement ses yeux, ses oreilles et son nez comme un crocodile dans son fleuve à l'affût d'une nouvelle proie.

Mais pas la peine d'en arriver là, je prépare toujours une sixième assiette pour Tonton Pheng.

BROCHETTES DE BŒUF À LA CITRONNELLE

LA RECETTE

PRÉPARATION 30 MIN - CUISSON 10 À 12 MIN - REPOS 1 H

Couper les poivrons en 2, les épépiner et les tailler en carrés de même taille. Couper les oignons en 4. Hacher l'ail. Émincer le bœuf en lanières épaisses de 1 cm environ. Mixer la citronnelle et l'ail.

Dans un saladier, mettre la viande, les feuilles de citron entières, la citronnelle et l'ail hachés, la Maïzena®, l'huile de tournesol, la sauce d'huître, le miel et du poivre. Mélanger bien afin que la viande soit couverte de marinade. Couvrir le saladier et placer au frais pendant 1 h.

Le montage des brochettes
Plier en 2 les lanières de viande et les enfiler les sur des piques à brochettes, en alternance avec les oignons et les poivrons.

La cuisson
Faire cuire au barbecue environ 10 à 12 min (idéalement, rechercher l'effet Maillard : croustillant à l'extérieur et pas complètement cuit à cœur).

Astuces
Si vous utilisez des piques en bois pour vos brochettes, les faire tremper au préalable pendant une demi-heure dans de l'eau froide (pour éviter qu'elles ne brûlent).
Accompagner de la sauce tomate laotienne (tiaou mak len, voir recette p. 133) et de riz gluant.

LISTE DES INGRÉDIENTS – 6 PERS.

- 1 kg de **bœuf** (rumsteck ou filet)
- 3 bâtons de **citronnelle**
- **1 poivron rouge, 1 vert** et **1 jaune**
- **2 oignons**
- 6 gousses d'**ail**
- **10 feuilles de citron**
- 1 c. à s. de **Maïzena®**
- 2 c. à s. d'**huile de tournesol**
- 2 c. à s. de **sauce d'huître**
- 1 c. à s. de **miel**
- **Sel** et **poivre**

BAR FARCI

J'vais plutôt aller prendre un café là...
Mon poisson est tout frais de ce matin ! Sentez la bonne odeur !

Hey les moussaillons ! Regardez ce que je ramène de la pêche !
Ouais ouais... et les feuilles de bananier, tu les as pêchées aussi Popeye ?

Au Havre, nous avons la chance d'avoir un port de pêche assez luxuriant. Le petit port expose ses variétés de poissons pour le plaisir de tous : carrelets, chinchards, sardines, roussettes... Celui qui a la chance d'avoir dans ses contacts le numéro d'un pêcheur sera certainement le mieux servi... et surtout à des heures raisonnables ! Car venir avant 8 heures du matin dans cette atmosphère poissonneuse, c'est peut-être pittoresque, mais disons que je préfère que mon organisme et mes sens se réveillent entièrement avant de leur infliger ça.

Avoir grandi au Havre permet donc de compter parmi nos connaissances des pêcheurs de métier qui nous préviennent de la pêche du jour. La denrée la plus recherchée reste encore le bar, pour sa chair fine et ferme. Je l'achète toujours entier, avec la tête c'est plus joli à présenter, et je le demande vidé et écaillé.

Puis le plus important vient ensuite : la farce. Mélange d'ail, de gingembre, d'échalote, de sauce d'huître... le tout pilonné au mortier. Une fois farci, voilà l'enveloppe finale qui procure tout son exotisme à ce plat : la feuille de bananier. Le poisson est scrupuleusement enveloppé dans une grande feuille verte qui répond à un pliage quasi origamesque. Cuisson vapeur ou sur le gril, le parfum qui se dégage des pochettes en feuille de banane est divin. La dégustation du bar farci à la citronnelle peut commencer.

Attention, l'utilisation du poisson entier peut occasionner des numéros de ventriloquie par les enfants (et le papa surtout), qui une fois rassasiés, finissent par jouer avec la colonne vertébrale et la tête du poisson. Prévoyez des poubelles de table et beaucoup de rince-doigts !

BAR FARCI

LA RECETTE

PRÉPARATION 25 MIN - CUISSON 30 À 40 MIN

LISTE DES INGRÉDIENTS 4 PERS.

- 1 ou 2 **bars** entiers selon leur taille
- 3 **bâtons de citronnelle**
- 6 gousses d'**ail**
- 4 **échalotes**
- 2 c. à s. de **sauce d'huître**
- 1 c. à c. d'**arôme Maggi®**
- 1 **feuille de bananier** de la longueur du bar
- **Poivre**

Couper les nageoires du poisson, enlever les écailles puis le rincer. Inciser le ventre et vider le poisson puis rincer l'intérieur. À l'aide d'un couteau, faire de petites entailles sur le dos du poisson pour faire pénétrer la farce.

Couper les 2 extrémités des bâtons de citronnelle, retirer la première couche de feuilles et les couper en plusieurs morceaux. Mettre les morceaux de citronnelle, les gousses d'ail et les échalotes dans un mortier et pilonner jusqu'à obtenir une pâte (ou tout mettre dans un mixeur). Réserver dans un bol. Ajouter la sauce d'huître, l'arôme Maggi®, du poivre et mélanger.

Répartir la farce entre dans les entailles et à l'intérieur du poisson. Déposer sur une feuille d'aluminium la feuille de bananier et placer le poisson dessus. Refermer la feuille de bananier et l'aluminium.

La cuisson peut se faire à la vapeur (environ 40 min selon la taille du poisson) ou au barbecue (environ 30 min en le retournant des 2 côtés).

Conseil
Accompagner de riz gluant ou de riz parfumé thaï. Servir avec une sauce gingembre (voir recette p. 70).

BERET

PHÔ LAT NAH

AUX LÉGUMES ET FRUITS DE MER

Attention faux-ami ! Si son nom est celui d'un célèbre classique asiatique et que son aspect esthétique rappelle le fameux bouillon, en réalité la préparation est totalement différente de celle du phô.

Pour preuve, il s'agit d'un plat sans viande et dont l'épaisse mélasse qui trompe l'œil est un condensé de bouillon épaissi par de la Maïzena®.

Dit comme ça, cela peut sembler peu ragoûtant mais la consistance de ce bouillon le rend unique et réconfortant.

Une légère lourdeur apparaît en bouche lorsqu'on lape le seul bouillon, ce qui donne l'impression de se nourrir et de se désaltérer en même temps.

Il fait partie des plats végétariens que ma carnivore de famille tolère en raison de l'aspect humoristique que ses légumes lui confèrent. En effet, la présence de baby corn provoque un effet instantané sur les enfants. Sorte de mini-épis de maïs que tous tentent de manger avec les incisives à la façon d'un rongeur. Cela fera sûrement sourire tout le monde quand l'un d'entre vous affirmera se sentir comme un géant en jouant avec les brocolis, qui seraient eux des petits arbres arrachés dans une proche forêt. Ou encore d'être projeté dans un récit de fiction qui aurait changé le phô classique en marécage transgénique et aurait ainsi rétréci les aliments…

Bref, laissez tous ces scénarios se dérouler et admirez ce pouvoir de faire ingurgiter des légumes à votre famille sans devoir pour autant subir un interminable conseil de guerre.

PHÔ LAT NAH
AUX LÉGUMES ET FRUITS DE MER
LA RECETTE

PRÉPARATION 30 MIN - CUISSON 40 MIN

LISTE DES INGRÉDIENTS
5 PERS.

- 800 g de **vermicelles de riz pour phô** (taille large)
- 1 **brocoli**
- 10 petits **épis de maïs** (baby corn)
- 3 petits **choux pak choï**
- 800 g de **gambas crues**
- 700 g de petites **seiches** entières nettoyées (surgelées)
- 4 gousses d'**ail**
- 4 cubes de bouillon de légumes
- 2 c. à s. de **sauce d'huître**
- 1 c. à s. de **sauce nuoc-mâm**
- 3 c. à s. de **Maïzena®**
- 5 **œufs**
- 2 **oignons**
- **Piment d'Espelette** en poudre
- **Huile de tournesol**
- **Sel** et **poivre**

Faire tremper les vermicelles 10 min dans de l'eau chaude et les égoutter. Si les vermicelles ne sont pas frais, augmenter le temps de trempage.

Couper le brocolis en 2 et le faire blanchir dans de l'eau bouillante. Le réserver dans un bol. Couper les petits épis de maïs en 2 dans le sens de la longueur et les faire blanchir. Les réserver dans un bol. Couper les feuilles des pak choï en 2 et les réserver dans un bol.

Séparer la tête du corps des gambas et enlever la carapace en ne gardant que la queue pour la décoration.

Plonger les gambas dans une casserole d'eau bouillante jusqu'à ce qu'elles deviennent roses et les retirer aussitôt. Égoutter et réserver dans un bol.

Passer les petites seiches sous l'eau, les couper en 2. Faire bouillir une casserole d'eau et y plonger les seiches à peine 5 min puis les égoutter.

Dans une marmite, faire chauffer 2 c. à soupe d'huile de tournesol. Ajouter l'ail haché, la sauce d'huître, la sauce nuoc-mâm et ½ c. à café de poivre. Ajouter 4 litres d'eau, les cubes de bouillon et laisser mijoter 20 min.

Mélanger la Maïzena® dans 100 ml d'eau puis verser ce mélange dans le bouillon (rajouter de la Maïzena® si ce n'est pas assez épais). Mélanger à l'aide d'une cuillère en bois jusqu'à ce que le bouillon épaississe. Ajouter les fruits de mer, les brocolis, les épis de maïs et les pak choï. Mélanger à peine 5 min et retirer du feu.

Dans une grande poêle ou un wok, mettre 2 c. à soupe d'huile, casser les œufs et ajouter les vermicelles de riz, mélanger jusqu'à ce que les œufs soient cuits.

Le dressage
Dans une assiette creuse, mettre d'abord les vermicelles puis les légumes, les fruits de mer et le bouillon épais. Saupoudrer de piment d'Espelette.

KHOUA MI

Can I talk to you (come on)
Comfort you (I love you)
Let you know (oh baby)
I care 4 you (I love you, yes I do)
(Paroles Aaliyah)

D'aussi loin que je me souvienne, le khoua mi est l'un des premiers plats que j'ai vraiment cuisinés. Très simple et rapide à réaliser, c'est une sorte de pad thaï du pauvre. Sans sauce ni viande, il s'agit d'un sauté de pâtes aux légumes. Un plat très pratique qui ne demande pas énormément d'engagement.

Si pratique que j'en faisais des tupperwares le midi pour aller rejoindre mon cher et tendre qui était encore au lycée lorsque moi je travaillais déjà à la clinique, qui se trouvait à quelques minutes à pied. Nous vidions nos deux boîtes en plastique avec nos baguettes en bois, assis à l'avant d'une Twingo noir métallisé.

C'était nos vrais premiers restos en amoureux. Le cockpit d'une citadine se transformait, le temps du déjeuner, en salle feutrée de restaurant étoilé.

Nous écoutions l'album d'Aliyaah, j'étais agent administratif à la clinique François Ier et lui lycéen à « Porte Océane ».

C'est un menu chargé en émotion pour moi. Il me rappelle mon adolescence et cette période où l'on tente de séduire et d'incarner pour l'autre l'archétype de la femme à marier. Nous ne vivions pas encore ensemble, les restaurants était rares... Le khoua mi du midi c'était un peu nos dates réguliers. On aurait pu rebaptiser ce plat Khoua Meetic.

Tout à fait entre nous, je me disais que s'il ne passait pas la pause-déjeuner avec moi, il risquerait de devenir une proie dans l'immense île de la tentation que sont les cantines de lycée, surpeuplées de prédatrices lycéennes.

KHOUA MI

LA RECETTE

PRÉPARATION 20 MIN - CUISSON 25 MIN

Dans une grande casserole, faire bouillir de l'eau et y plonger les nouilles une dizaine de minutes. Les égoutter et les passer sous l'eau froide.

Émincer l'oignon. Hacher l'ail. Ciseler la ciboulette. Couper la carotte en 3 tronçons puis les découper en fines lamelles dans le sens de la longueur. Épépiner les poivrons et les découper en lamelles dans le sens de la longueur.

Dans un wok, chauffer de l'huile, puis faire revenir l'oignon et l'ail. Ajouter la carotte et les poivrons. Remuer quelques minutes puis ajouter les nouilles. Ajouter le nuoc-mâm, la sauce de soja sucrée, la sauce de soja salée, une pincée de poivre et du sel si besoin. Faire sauter le tout.

Parsemer de ciboulette ciselée et servir.

LISTE DES INGRÉDIENTS – 5 PERS.

- 500 g de **nouilles déshydratées**
- 1 **oignon**
- 2 gousses d'**ail**
- 30 g de **ciboulette**
- 1 **carotte**
- 1 **poivron vert**
- 1 **poivron rouge**
- 1 **poivron jaune**
- 1 c. à soupe de **sauce nuoc-mâm**
- 3 c. à s. de **sauce de soja sucrée**
- 1 c. à s. de **sauce de soja salée**
- **Huile de tournesol**
- **Sel** et **poivre**

エドウイン

PAD THAÏ AU TOFU

Comme une espèce de tradition à laquelle il ne faudrait jamais déroger sous peine de s'attirer les foudres maudites du commun des mortels et des ancêtres… il n'était pas envisageable que j'écrive ce livre de recettes et d'anecdotes sans aborder le pad thaï. Et pourtant, je n'ai que très peu de souvenirs de ce plat dans mon enfance.

Sa popularité est telle qu'il ne se passe pas un jour sans que je reçoive un DM sur Insta me demandant si je vais « donner la recette du pad thaï ». Je me sens donc un peu obligée de répondre à cette affluence de messages à propos de ce que j'appellerais « le plat du touriste ».

Toujours est-il qu'il faut bien reconnaître le caractère populaire du pad thaï, un peu à la manière du jambon-beurre en France et des spaghettis bolognaise en Italie (qui n'ont d'ailleurs rien d'italien). Problème, mes sandwichs jambon-beurre sont cent fois plus appréciés que mon pad thaï chez moi et les spaghettis bolognaise de Nanaï sont tellement au-dessus de son pad thaï... J'aurais peut-être dû vous mettre la recette des « pad bolo » plutôt que celle du « pas d'taille » (c'est bon, j'arrête avec le pad thaï bashing...) !

PAD THAÏ AU TOFU

LA RECETTE

PRÉPARATION 40 MIN - CUISSON 10 MIN

LISTE DES INGRÉDIENTS – 4 PERS.

- 6 **champignons noirs déshydratés**
- **vermicelles de riz** pour phô (taille large), frais ou déshydratés
- 2 c. à s. de **pâte de soja fermentée**
- 2 c. à s. de **sauce de soja**
- 2 c. à s. de **concentré de tamarin**
- 3 c. à s. de **sauce nuoc-mâm**
- 1 c. à c. de **piment en poudre** (facultatif)
- 350 g de **tofu ferme**
- 4 gousses d'**ail**
- 3 **échalotes**
- 200 g de **pousses de soja**
- 3 branches de **ciboulette**
- 3 c. à s. de **sucre roux**
- **Cacahuètes**
- **Huile**

Faire tremper les champignons noirs dans de l'eau chaude 30 min. Faire tremper les vermicelles 3 min dans de l'eau chaude (si les vermicelles de riz sont déshydratés, le temps de trempage sera un peu plus long).

Dans un bol, mettre la pâte de soja fermentée, la sauce de soja, le concentré de tamarin, la sauce nuoc-mâm, 7 c. à soupe d'eau et éventuellement 1 c. à café de piment.

Retirer la partie dure des champignons réhydratés et les couper en lamelles. Couper le tofu en cubes. Hacher l'ail et les échalotes. Laver les pousses de soja. Hacher la ciboulette.

Dans un wok, faire chauffer 2 c. à soupe d'huile. Ajouter le tofu et les champignons noirs, faire revenir quelques minutes et les réserver dans un bol.

Dans le même wok, faire chauffer 4 c. à soupe d'huile. Ajouter le sucre, l'ail et les échalotes et mélanger. Ajouter la sauce, mélanger et plonger les vermicelles dans le wok. Ajouter le tofu et les champignons réservés et faire sauter le tout. Terminer par les pousses de soja et la ciboulette.

Servir le pad thaï dans une assiette ou un bol. Parsemer de cacahuètes concassées ou de piment en poudre.

LOC LAC

Comme un réflexe quasi-myotatique… Lorsque j'emmène les enfants dans un restau asiatique, ils prononcent aussitôt la formule magique « Loc Lac ». L'intitulé est assez fun à retenir, ce qui le place dans le top 10 familial. On a beau varier les adresses, leur présenter les menus les plus sophistiqués de la zone, rien n'y fait… Pour eux, restaurant vietnamien, ou thaï égal riz rouge et bœuf assaisonné.

Avec le confinement et la fermeture des établissements de restauration en 2020, je devais satisfaire les envies des uns et des autres. J'ai donc décidé d'amalgamer tous les loc lac que j'avais goûtés pour en faire une version premium réappropriée.

La difficulté de ce plat est d'obtenir le bœuf le plus tendre possible car 3 loc lac sur 4 sur le marché sont caoutchouteux. Pour ça, j'ai mes grossistes personnels en boucherie halal dont la nouvelle livraison est prévue tous les mardis.

J'y suis longtemps allée avec ma belle-mère qui achetait toujours une quantité énorme de viande et stockait comme pour prévoir une guerre ou une période de famine biblique. Je suis donc désormais bien vue de monsieur le boucher qui me prépare toujours les meilleures pièces de bœuf en provenance de la réserve et non de sa vitrine de présentation. Le vrai secret du loc lac, c'est finalement d'avoir le boucher dans sa poche.

LOC LAC

LA RECETTE

PRÉPARATION 15 MIN - MARINADE 1 H - CUISSON 45 MIN ENV.

La viande

Découper la viande en cubes. Dans un grand récipient, mélanger la viande avec 2 c. à soupe d'huile, la sauce d'huître, le nuoc-mâm, la sauce de soja épaisse, du poivre, le sucre, les gousses d'ail hachées et la fécule de pomme de terre. Couvrir et laisser mariner 1 h au frais.

Dans un wok, faire revenir la viande marinée dans de l'huile bien chaude. Remuer jusqu'à cuisson de la viande, compter 6 min.

Le riz

Rincer le riz plusieurs fois sous l'eau. Faire cuire selon les indications du paquet (compter environ 30 min à l'autocuiseur). Laisser tiédir le riz.

Dans un grand wok, mettre 3 c. à soupe d'huile, ajouter le concentré de tomate, la sauce d'huître, la sauce de soja et 1 c. à café de poivre. Bien mélanger jusqu'à ce que le riz devienne bien rouge, compter 10 min.

Les accompagnements

Couper les tomates et le concombre en cubes, rondelles ou lamelles. Émincer finement les oignons. Hacher la coriandre. Laver la salade. Faire cuire les œufs au plat.

La sauce

Mélanger le jus du citron avec du poivre et du sel. Placer dans une petite coupelle.

Le dressage

Sur chaque assiette, disposer une feuille de batavia, des tomates, du concombre et de l'oignon. Former un dôme de riz à l'aide d'un bol. Ajouter la viande, parsemer de coriandre et surmonter le riz d'un œuf au plat.

LISTE DES INGRÉDIENTS 5 PERS.

La viande marinée
- 1 kg de **viande de bœuf** tendre (type paleron)
- 2 c. à s. de **sauce d'huître**
- 1 c. à s. de **sauce nuoc-mâm**
- 2 c. à s. de **sauce de soja épaisse saveur champignon**
- 2 c. à c. de **sucre**
- 4 gousses d'**ail**
- 1 c. à s. de **fécule de pomme de terre**
- **Huile**
- **Poivre**

Le riz
- 800 g de **riz thaï**
- 140 g de **concentré de tomate**
- 2 c. à s. de **sauce d'huître**
- 2 c. à s. de **sauce de soja**
- **Huile**
- **Poivre**

Les accompagnements
- 5 **tomates**
- 1 **concombre**
- 2 **oignons rouges**
- 50 g de **coriandre**
- 5 **œufs**
- 1 **batavia**

La sauce
- 1 **citron**
- **Sel** et **poivre**

LaVieEstFolle

RIZ KHANTONAIS

Le riz khantonais se distingue de son géniteur le riz cantonais. Les bases sont exactement les mêmes, du riz et des légumes, mais la différenciation intervient dans le type de charcuterie utilisé pour cause de régime alimentaire familial. Ainsi le jambon de la recette de base est remplacé par une charcuterie « orientale » à base de bœuf et de volaille.

Certains y verraient une appropriation culturelle, un grand remplacement culinaire... moi je préfère parler de mariage. À l'image de notre famille franco-algeriano-laotienne, ce brassage d'histoire se perçoit jusque dans nos assiettes. Ce riz khantonais est coloré comme nous, convivial, généreux et trans-ethnique. Ce qui en fait un classique de nos énormes buffets.

Nos origines normandes, d'Afrique et d'Asie se retrouvent jusque dans le mode de dégustation, puisqu'il peut être servi chaud, comme le climat de Vientiane ou Constantine, et froid, comme les longs hivers de la côte ouest de la Manche.

Vous l'aurez compris, c'est le plat qui nous ressemble le plus. Chaque bouchée est un petit bout de la Khan family alors, quand vous le dégusterez, fermez les yeux et visualisez la partie du territoire que vous êtes en train d'explorer : le mont Khan et son pic du majeur taillé dans le blanc de dinde, la vallée des petits pois verdoyante de Mekka l'amazone, les dunes d'omelette de l'empereur Massoud, les neiges éternelles de riz thaï de l'impératrice Cheez Nan ou les noirs marécages d'arôme Maggi® de l'abominable zhomme des neiges.

RIZ KHANTONAIS

LA RECETTE

PRÉPARATION 20 MIN - CUISSON 40 MIN ENV.

LISTE DES INGRÉDIENTS — 5 PERS.

- 700 g de **riz thaï**
- 270 g de **petits pois** surgelés
- 2 **carottes**
- 2 **oignons**
- 4 tranches de **jambon**
- 6 branches de **coriandre**
- 1 c. à c. de **sucre**
- 5 **œufs**
- 2 c. à s. de **sauce de soja**
- 1 c. à c. d'**arôme Maggi®**
- 5 c. à s. d'**huile**
- **Sel** et **poivre**

Faire cuire le riz thaï en suivant les indications du paquet (compter 30 min à l'autocuiseur). Le laisser tiédir, puis remuer de bas en haut pour éviter de faire un bloc.

Tremper les petits pois surgelés 10 min dans de l'eau puis les égoutter. Couper les carottes en tout petits dés. Découper les oignons en lamelles. Superposer les 4 tranches de jambon et les couper en carrés. Ciseler la coriandre.

Dans une poêle, mettre 2 c. à soupe d'huile, les oignons, les carottes, les petits pois et le sucre puis faire revenir 5 min à feu moyen. Réserver dans un bol.

Dans un bol, fouetter les œufs. Ajouter la sauce de soja, l'arôme Maggi®, du sel et du poivre.

Dans une grande marmite, mettre 3 c. à soupe d'huile. Verser les œufs puis ajouter le riz. Bien mélanger pendant environ 3 min jusqu'à ce que le riz s'imprègne des œufs puis ajouter les petits pois, les carottes, les oignons et les carrés de jambon. Mélanger le tout délicatement.

Rectifier l'assaisonnement si besoin et parsemer de coriandre fraîche.

Conseils
Déguster chaud, tiède et froid. Pour une touche pimentée, ajouter de la sauce Sriracha.

WOK DE LÉGUMES

Dès les premières revendications du syndicat anti-légumes (le redoutable ATL), nous le patronat de la cuisine, MEDEF de la gastronomie, avons instauré un décret immuable, reconductible jusqu'à la majorité des membres du syndicat.

La règle est simple : il est interdit de dire « je n'aime pas ».

À la simple annonce de l'intitulé de certains plats, les trois membres de l'organisation anti-légumes, composée de Massoud, Mekka et Genghis, grimaçaient, s'esclaffaient et marquaient leur désapprobation à grand renfort d'onomatopées véhiculant ainsi une hostilité communicative.

Connaissant l'importance de varier l'alimentation, nous avons d'abord eu recours à des subterfuges sémantiques en renommant certains plats, pour éviter d'essuyer un bashing général avant même leur arrivée sur la table. Par conséquent, le nom du légume n'était plus prononcé qu'en fin d'intitulé et à voix basse ce qui donnait : (Prononcez à voix haute) « SAUTÉ DE BŒUF AUX OIGNONS ACCOMPAGNÉ DE SON RIZ PARFUMÉ… » (prononcez rapidement et à voix basse) « … sur lit de soja… ». Une technique qui ne fit effet que très peu de temps.

Par la suite face à la pression du syndicat ATL, nous avons cédé sur la règle principale et l'avons accompagnée d'une clause annexe : « Si toutefois, après avoir goûté plus de trois fois un légume, celui-ci ne vous convenait toujours pas, alors il vous est permis d'en faire l'unique aliment de votre black-list ». C'est ainsi que Massoud obtint l'autorisation d'écarter de temps à autre les poivrons, Mekka les champignons, et Genghis le chou-fleur.

Mais la guerre entre syndicat et patronat continue à faire rage chaque jour dans une bataille sans merci. Nous tentons maintenant d'importer des méthodes étrangères pour redynamiser le secteur des fibres. Le wok, par exemple, constitua une révolution industrielle pour le patronat. Nous sommes même parvenus à faire accepter des légumes extrêmement complexes au premier abord. Le liseron d'eau, les pousses de soja et les choux chinois assaisonnés et sautés furent ainsi intégrés à l'alimentation régulière des membres de l'ATL. Une véritable lutte des Khlas !

PHAK BONG (LISERONS D'EAU)

LA RECETTE

PRÉPARATION 10 MIN - CUISSON 10 MIN ENV.

LISTE DES INGRÉDIENTS

5 PERS.

- 500 g de **liserons d'eau**
- 5 gousses d'**ail**
- 1 morceau de **gingembre** de 3 cm environ
- 1 c. à s. de **sauce d'huître**
- 2 c. à s. de **sauce de soja**
- **Huile**
- **Poivre**

Couper en 4 parties la botte de liserons d'eau, les passer sous l'eau et les égoutter. Hacher l'ail. Tailler le gingembre en fines allumettes.

Dans un wok, mettre 3 c. à soupe d'huile puis l'ail haché, le gingembre et mélanger.

Lorsque l'ail commence à dorer légèrement, ajouter la sauce d'huître, la sauce de soja et du poivre. Mélanger et laisser cuire à feu vif pendant seulement 6 à 8 min.

Conseil

Servir avec un riz thaï parfumé ou gluant.

SAUTÉ DE CHOUX CHINOIS À L'AIL

LA RECETTE

PRÉPARATION 10 MIN - CUISSON 10 MIN ENV.

LISTE DES INGRÉDIENTS – 5 PERS.

- 1 **chou chinois**
- 4 gousses d'**ail**
- 2 **échalotes**
- 1 morceau de **gingembre** de 3 cm environ
- 1 c. à c. de **sucre en poudre**
- 2 c. à s. de **sauce de soja**
- 1 c. à s. de **sauce d'huître**
- 2 c. à s. d'**huile végétale**
- **Sel** et **poivre**

Séparer les feuilles de chou et les passer sous l'eau. Égoutter les feuilles, les superposer et les couper en lamelles. Hacher l'ail. Émincer les échalotes. Tailler le gingembre en fines allumettes.

Dans un wok ou une grande marmite, chauffer 2 c. à soupe d'huile. Faire dorer l'ail, les échalotes et le gingembre puis ajouter le sucre, la sauce de soja, la sauce d'huître, du sel et du poivre. Ajouter les feuilles de chou et les faire sauter à feu vif pendant quelques minutes. Retirer du feu.

Conseil
Accompagner de riz thaï ou riz gluant

SAUTÉ DE POUSSES DE SOJA

LA RECETTE

PRÉPARATION 5 MIN - CUISSON 10 MIN ENV.

LISTE DES INGRÉDIENTS – 5 PERS.

- 500 g de **pousses de soja**
- 2 **oignons**
- 4 gousses d'**ail**
- 20 g de **ciboulette thaïe**
- 1 c. à s. de **sauce d'huître**
- 2 c. à s. de **sauce de soja**
- ½ c. à c. de **sucre**
- 2 c. à s. d'**huile végétale**
- **Sel** et **poivre**

Laver et égoutter les pousses de soja. Couper les oignons en lamelles. Hacher les gousses d'ail. Émincer la ciboulette.

Dans un wok, chauffer 2 c. à soupe d'huile. Y plonger l'ail et les oignons. Ajouter la sauce d'huître, la sauce de soja, le sucre, 1 pincée de sel, ½ c. à café de poivre et faire sauter le tout à feu vif pendant quelques minutes (plus vous laisserez cuire, moins vous aurez le croquant du soja). Parsemer de ciboulette thaïe en fin de cuisson.

Conseil
Accompagner de riz thaï parfumé.

SAUCE NEMS

PRÉPARATION 5 MIN - CUISSON 20 MIN

LISTE DES INGRÉDIENTS
5 PERS.

- 200 g de **sucre cassonade**
- 6 c. à s. de **sauce nuoc-mâm**
- 4 c. à s. de **vinaigre d'alcool coloré**
- 2 gousses d'**ail**
- 2 **piments oiseaux rouges** (facultatif)

Porter à ébullition 1 litre d'eau dans une bouilloire ou une casserole. Dans un grand saladier, placer la cassonade, puis verser l'eau bouillante et mélanger jusqu'à ce que le sucre soit dissous.

Ajouter la sauce nuoc-mâm et le vinaigre d'alcool coloré (ajuster selon votre goût). Écraser l'ail et éventuellement le piment à l'aide d'un mortier et d'un pilon et ajouter cette purée à la sauce.

Conseil
Servir cette sauce avec le bo bun (voir recette p. 90), le banh mi (voir recette p. 38), les banh cuon (voir recette p. 86), les banh xeo (voir recette p. 82) et, bien sûr, les nems (voir recette p. 31).

SAUCE AÏOLI SRIRACHÉE

PRÉPARATION 20 MIN

LISTE DES INGRÉDIENTS
5 PERS.

- **Sauce Sriracha** (sauce pimentée sucrée)
- 8 gousses d'**ail**
- 2 **jaunes d'œufs**
- 60 cl d'**huile d'olive**
- **Sel** et **poivre**

Écraser les gousses d'ail dégermées avec une pincée de sel dans un mortier jusqu'à obtention d'une purée.

Dans un bol, mettre les jaunes d'œuf, y ajouter la purée d'ail et bien mélanger pendant quelques minutes au fouet manuel ou électrique. Ajouter l'huile d'olive en filet et monter la mayonnaise au fouet manuel ou électrique. Rectifier l'assaisonnement. Quand l'aïoli est monté, ajouter 1 c. à café de sauce Sriracha.

Conseil
Servir cette sauce avec le banh mi (voir recette p. 38) et les viandes.

TIAOU MAK LEN (SAUCE TOMATE LAOTIENNE)

PRÉPARATION 20 MIN - CUISSON 10 À 15 MIN

LISTE DES INGRÉDIENTS
6-8 PERS.

- 8 **tomates rondes**
- 5 branches de **coriandre fraîche**
- 3 tiges de **ciboulette fraîche**
- 6 **échalotes**
- 10 gousses d'**ail**
- 3 **piments oiseaux** (facultatif)
- 2 c. à s. de **sauce nuoc-mâm**
- **Sel**

Ciseler finement la coriandre et la ciboulette.

Retirer le pédoncule des tomates, les inciser en croix et les plonger dans une casserole d'eau bouillante pendant à peine 45 sec. Retirer les tomates et les mettre dans un grand bol d'eau froide avec quelques glaçons pendant quelques secondes puis les sortir du bol. Enlever la peau au niveau des incisions, elle se retire toute seule.

Éplucher les échalotes et les gousses d'ail, retirer la queue des piments puis les faire griller à sec dans une poêle à feu doux pendant 10 à 15 min.

Dans un mortier, mettre les échalotes, l'ail, les piments, 1 c. à café de sel et piler jusqu'à obtenir une pâte. Ajouter les tomates et les réduire en purée. Ajouter la sauce nuoc-mâm puis la coriandre et la ciboulette ciselées.

Conseil
Servir avec du riz gluant, les viandes ou les poissons.

NAM VAN AU PANDAN

La cuisine laotienne n'est pas réputée pour ses desserts. Ainsi l'aspect surprenant de celui que je vais vous décrire ici est inversement proportionnel à cette pauvreté de variété.

À votre avis, dans quel mouchoir y'a du nam van et dans lequel je me suis mouché ?

Nam van est le terme qui désigne quasiment l'ensemble des desserts laotiens. Mais celui qui nous intéresse ici c'est celui que l'on surnomme familialement le nam van « vers de terre », connu également sous l'appellation de nam van « rounouna » (argot arabe pour désigner la morve et les crottes de nez). Comme ces pseudonymes le laissent deviner, cette douceur ressemble à une mélasse de petits vers plongés dans un jus blanchâtre.

Par ailleurs, les vermisseaux, de couleur vert fluo, servent régulièrement au gag de l'éternuement en simulant un écoulement nasal dégoûtant. J'ai rarement vu une dégustation de ce nam van se dérouler normalement.

En réalité, il ne s'agit que d'extrait de jus des feuilles de pandan (d'où l'aspect vert) trempé dans un lait de coco et un sirop de sucre brun. Parfait pour faire croire à la soupe à la grimace le soir d'Halloween.

NAM VAN AU PANDAN

LA RECETTE

PRÉPARATION 50 MIN - CUISSON 40 MIN

LISTE DES INGRÉDIENTS
5 PERS.

Les vers de terre
- 100 g de **feuilles de pandan**
- 120 g de **farine de riz**
- 80 g de **fécule de tapioca**

Le sirop
- 400 ml d'**eau**
- 200 g de **sucre brun** en morceaux

Le jus de noix de coco
- 400 ml de **lait de coco**
- 4 c. à c. de **sucre en poudre**
- ½ c. à c. de **sel**

Les vers de terre

Découper en morceaux une vingtaine de feuilles de pandan. Ajouter 500 ml d'eau. Passer le tout dans une passoire et récupérer uniquement le jus.

Mélanger la farine et la fécule. Ajouter 600 ml de jus de pandan et mélanger. Dans une casserole, mettre la préparation et le faire chauffer à feu doux en remuant sans arrêt. Lorsqu'elle devient pâteuse, ajouter le reste du jus de pandan et mélanger.

Porter de l'eau à faible ébullition dans une grande marmite et préparer un grand saladier avec plein de glaçons. Mettre la pâte dans une passoire avec des trous de taille moyenne et la presser au-dessus de la marmite d'eau. Les vers de terre vont cuire. Utiliser une écumoire pour attraper les vers et les transférer dans l'eau glacée.

Le sirop

Chauffer 400 ml d'eau et le sucre brun en morceaux dans une casserole en mélangeant jusqu'à ce que le sucre fonde.

Le jus de noix de coco

Dans une autre casserole, chauffer le lait de coco. Ajouter le sucre en poudre, le sel et mélanger à feu doux.

Le dressage

Dans un bol ou un verre transparent, mettre les vers de terre, le lait de coco et le sirop. Déguster tiède ou bien frais avec des glaçons.

NAM VAN AUX PERLES DE TAPIOCA

Mon premier voyage au Laos fut tardif, en 2010. J'y suis allée accompagnée de mon mari et de mon premier fils, alors que j'attendais Mekka. J'étais à 6 mois de grossesse et je devais signer des montagnes de décharges avant de monter dans chaque avion, dédouanant ainsi la compagnie en cas d'accouchement aérien.

En arrivant à Vientiane, j'ai ressenti comme une sensation de déjà-vu, des flash-backs d'une enfance que je n'avais pourtant pas vécue, ayant grandi en pays de Caux. Des odeurs familières, des sonorités inconnues et que j'arrivais pourtant à déchiffrer, puis des goûts qui semblaient inscrits dans mon code génétique. Parmi ces sensations gustatives, j'ai retrouvé celles d'un dessert laotien célèbre...

Nous avions l'habitude de sortir un peu avant à la tombée du soir, lorsque tout se rafraîchit, pour aller marcher au bord du Mékong, une zone peuplée à cette heure-ci. Sur les quais s'amoncelaient de nombreuses échoppes de toutes sortes. Une en particulier, mon neveu Odai nous l'avait garanti, devait nous satisfaire.

En arrivant devant le local suréclairé par de puissants néons à la lumière blanche, je découvris un stand qui ressemblait à la vitrine d'un vendeur de bubble tea. Mais nous étions chez un « Nam Vanier ». Les ingrédients disposés dans des petits seaux en plastique ne laissaient pas deviner que nous allions déguster un dessert, mais rappelaient plutôt un self-service de buffet froid. Patate douce, maïs, perles de tapioca... autant de produits qu'on associe généralement plutôt à la cuisine salée.

Comme pour un bubble tea, c'est vous qui composez votre commande. Certains aiment leur nam van classique avec une base de lait de soja, des perles de tapioca et quelques suppléments. D'autres en font un repas complet en y ajoutant tous les ingrédients de l'étalage... C'est ainsi que ce qui devait être un digestif tiède sous une légère brise en bord de fleuve s'est transformé en raclette savoyarde avec fromage, charcuterie et pommes de terre.

NAM VAN AUX PERLES DE TAPIOCA

LA RECETTE

PRÉPARATION 15 MIN - CUISSON 20 MIN

LISTE DES INGRÉDIENTS — 5 PERS.

- 2 **patates douces à chair blanche**
- 10 c. à s. de **perles de tapioca**
- 1 c. à c. de **sel**
- 6 c. à s. de **sucre de canne en poudre**
- 500 ml de **lait de coco**

Éplucher les patates douces et les couper en 2, puis en cubes. Laver les perles de tapioca 2 ou 3 fois.

Faire bouillir de l'eau dans une casserole et ajouter les perles de tapioca. Remuer et laisser cuire jusqu'à ce que les perles deviennent translucides. Verser les perles dans une passoire et les rincer à l'eau froide pour retirer la partie gluante.

Dans une casserole, mettre 500 ml d'eau à bouillir avec 1 c. à café de sel et le sucre de canne. Y plonger les patates douces. Lorsque les patates douces sont cuites à point, verser les perles de tapioca et mélanger pendant 10 min. Couper le feu et ajouter le lait de coco.

GÂTEAU DE RIZ BANANE-COCO

Tous ceux ayant fréquenté la communauté laotienne vous parleront de ce mets populaire sans jamais vraiment en connaître le nom. On pourra le décrire comme une banane enveloppée dans une feuille ou une bouillie de riz gluant sucré en papillote.

Si ces descriptions s'approchent, elles sont encore loin de vraiment définir le krao tom. La meilleure comparaison que j'ai entendue est celle de mon époux qui appelle ce gâteau le « lembas », comme la nourriture elfique des récits de Tolkien.

Comme cet homologue fictif, le krao tom possède des capacités nutritives qui renforcent. Sa base de sticky rice et son fourrage à la banane en font un véritable « pain de vie » qui recharge votre jauge d'énergie en une seule bouchée, comme dans un jeu vidéo.

La cuisson vapeur décuple les propriétés de cet aliment : selon la légende une seule portion vous rassasie pendant des jours. Le lait de coco et le jus de pandan lient parfaitement les matières et rendent cette petite friandise aussi efficace qu'un repas complet. En d'autres termes, il contient entrée, plat et dessert dans une seule pièce, idéal pour les longues journées de jeûne intermittent ou du ramadan.

GÂTEAU DE RIZ BANANE-COCO

LA RECETTE

PRÉPARATION 30 MIN - CUISSON 50 MIN

Nettoyer, laver et sécher les feuilles de bananier. Découper chaque feuille en un rectangle de 25 x 15 cm.

Dans un mixeur, mettre une dizaine de feuilles de pandan coupées en morceaux et y ajouter 200 ml d'eau. Mixer, puis passer le mélanger dans une passoire pour ne récupérer que le jus.

Dans une grande casserole, mettre le lait de coco, 200 ml de jus de pandan, le sucre de canne, ½ c. à café de sel et porter le tout à ébullition.

Ajouter le riz gluant cru et mélanger sans s'arrêter pendant 15 min. Baisser à feu doux et continuer à mélanger jusqu'à ce que le riz ait absorbé le lait de coco et que la préparation devienne pâteuse. Retirer du feu.

Découper les bananes en 2 puis les couper en 2 dans le sens de la longueur. Superposer 2 feuilles de bananier (la plus petite toujours sur le dessus). Disposer 1 c. à soupe de riz vert au centre de la feuille et ajouter un morceau de banane sur le dessus. Rabattre les 2 bords de la feuille vers le haut, faire un petit pli pour fermer et retourner pour ensuite refermer les 2 bords.

Disposer les gâteaux directement sur le panier qui servira à la cuisson vapeur. Faire cuire à la vapeur pendant 30 min.

LISTE DES INGRÉDIENTS
10 PERS.

- 450 g de **feuilles de bananier**
- 10 **feuilles de pandan**
- 800 ml de **lait de coco**
- 6 c. à s. de **sucre de canne** en poudre
- 700 g de **riz gluant cru**
- 7 **bananes** mûres
- **Sel**

STICKY RICE MANGO

Il est vrai qu'il existe au sein de la communauté asiatique une forte propension à aimer les associations quelque peu étranges. Ces mélanges improbables, qui peuvent rebuter au premier abord, deviennent des plats à part entière si l'alchimie est bien contrôlée.

De mémoire de quarantenaire, j'ai toujours combiné des mets qui me semblaient aller naturellement ensemble, en suivant l'exemple donné par mes parents et mes grands frères et sœur. Mais qui, vraisemblablement, suscitaient quelques réactions désapprobatrices de mon entourage en grandissant. Qui mange des sandwichs aux olives noires par exemple ? Sandwich de riz, qui plus est ! Le tamarin, lui, devient un fourrage pour une boulette de riz gluante, ce qui donne un cœur sucré dans une enveloppe salée.

Avec le recul, je comprends tout à fait la surprise des profanes qui nous voyaient associer Caprice des Dieux et banane verte (non mûre). Partout dans le monde, une prune ou une pomme se mange mûre et bien sucrée. Chez moi, nous les préférions dures et acides avec un peu de piment et de sel. Mais la pratique la plus étrange revient à mon frère cadet qui, enfant, se délectait de la peau des clémentines et des oranges tout en négligeant le fruit...

C'est sur cette base de fusion que j'ai fait du sticky rice mango un dessert classique de ma cuisine familiale. Je l'associe à mon enfance pour son caractère métissé et à la notion de voyage, puisque c'est en Thaïlande que j'en ai le plus mangé.

STICKY RICE MANGO

LA RECETTE

PRÉPARATION 30 MIN - CUISSON 30 MIN - REPOS : 12 H 45

LISTE DES INGRÉDIENTS
5 PERS.

- 500 g de **riz gluant cru**
- 500 ml de **lait de coco**
- 140 g de **sucre**
- 2 c. à c. de **fécule de maïs**
- 2 **mangues fraîches**
- **Graines de sésame noires** ou **dorées**
- **Sel**

Laver le riz gluant plusieurs fois jusqu'à ce que l'eau devienne claire et non trouble, puis le laisser tremper dans de l'eau claire toute la nuit.

Verser le riz dans une passoire et le laisser égoutter 10 min. Dans un panier en osier ou un couscoussier, déposer un torchon propre. Y mettre le riz. Couvrir pour une cuisson homogène et faire cuire 30 min à la vapeur.

Le lait de coco sucré pour le riz gluant
Dans une casserole, mettre 300 ml de lait de coco, le sucre et 1 c. à café de sel. Mélanger à feu doux sans laisser bouillir le lait.

La crème de coco
Dans une casserole, faire chauffer à feu moyen 200 ml de lait de coco. Ajouter la fécule de maïs délayée dans 2 c. à soupe d'eau puis mélanger. Ajouter 1 pincée de sel et mélanger. Dès que le lait épaissit, retirer la casserole du feu.

Le riz gluant
Une fois le riz gluant cuit, le mettre dans un saladier et verser le lait de coco sucré sur le riz puis mélanger jusqu'à ce que le riz s'imprègne. Couvrir le saladier et laisser poser 30 min.

Après 30 min, mélanger le riz et couvrir pour le laisser poser à nouveau 15 min.

Le dressage
Découper les mangues en tranches. Disposer sur une assiette des tranches de mangue. Ajouter le riz, saupoudrez de quelques graines de sésame. Servir la crème de coco à part dans une petite coupelle ou la verser directement sur le riz.

FLEUR DE LOTUS

Si dans la plupart des événements en France, nous retrouvons la populaire dragée, dans les festivités des habitants originaires du Triangle d'or, on connaît plus la fleur de lotus. Incontournable de tous les rassemblements, ce biscuit croustillant se déguste sur place à tout moment de la journée, ou plus tard puisqu'il est de tradition de repartir de la fête avec son sachet transparent enrubanné d'un fermoir rouge et rempli de fleurs de lotus.

Sentir une fleur de lotus activera sans nul doute votre mémoire olfactive et vous transportera dans des souvenirs anciens, puisque ce biscuit offre à tous une sensation de « déjà-vu ». Dans l'expérience sensorielle des restaurants concepts qui plongent les clients dans le noir, il serait intéressant de savoir comment chacun définirait le parfum de cette fleur de lotus. Les Belges y retrouveraient sûrement le fameux spéculoos (bien qu'elle ne contienne pas de cannelle), les Français la tuile aux amandes (sans amandes pourtant), les Russes leur cigarette (bien que cette dernière ne soit pas vraiment russe mais originaire des célèbres boîtes de biscuits), enfin les Algériens leur célèbre griouche et ses graines de sésame (oui, cette fois il y a bien des graines de sésame).

Sa confection est véritablement un travail d'orfèvre. Un moule en laiton qui ressemble à une louche est plongé dans de l'huile bouillante après avoir été légèrement trempé dans une pâte au lait de coco et aux graines de sésame. Après un mouvement de va et vient, la pâte se solidifie et se détache du moule donnant une première consistance à la fleur. Au contact de l'air, le durcissement finit de conférer à la fleur de lotus sa forme et sa texture finales.

FLEUR DE LOTUS

LA RECETTE

PRÉPARATION 15 MIN - REPOS 20 MIN - CUISSON 2 MIN PAR FLEUR

LISTE DES INGRÉDIENTS
70 FLEURS

- 1 kg de **farine de blé**
- 400 g de **sucre de canne** en poudre
- 3 c. à s. de **noix de coco râpée**
- 1 c. à c. de **sel**
- 5 **œufs**
- 400 ml de **lait de coco**
- 500 ml de **lait demi-écrémé**
- 3 c. à s. de **graines de sésame noires**
- **Huile de tournesol** pour la friture

Ustensile

- Un « **dok jok** » (moule à biscuit en laiton en forme de fleur pour préparation de dessert thaïlandais)

Dans un saladier, mettre toute la farine, le sucre, la noix de coco et le sel puis mélanger. Creuser un puit et ajouter les œufs, le lait de coco, le lait et 500 ml d'eau. Mélanger délicatement pour éviter les grumeaux jusqu'à l'obtention d'une pâte lisse. Ajouter en dernier les graines de sésame et mélanger à nouveau. Laisser la pâte reposer 20 min.

Mettre de l'huile à chauffer dans une marmite. Plonger le moule dans la marmite en attendant que l'huile chauffe.

Une fois l'huile bien chaude, retirer le moule de la marmite et le plonger délicatement dans la pâte (la pâte ne doit pas dépasser la forme du moule sur le dessus). Remuer légèrement le moule avant de le mettre dans la marmite. Faire des mouvements de va et vient pour que la fleur se décolle du moule et baisser le feu. Retourner la fleur plusieurs fois pour une cuisson homogène.

Quand la fleur est dorée (compter 2 min maximum), la retirer et la déposer sur un bol retourné pour qu'elle prenne une belle forme et qu'elle durcisse légèrement. La déposer sur du papier absorbant.

GÂTEAU ÉPONGE AU PANDAN

À la base, on ne peut pas faire plus simple en matière de gâteau. On pourrait même croire qu'il ne s'agit que d'une simple génoise. C'est là que l'ingrédient secret fait son apparition, pour lui donner sa couleur et sa fraîcheur… La feuille de pandan colore la base (censée rester jaunâtre dans la version classique) en vert pomme. Les nuances de couleurs entre la croûte et le cœur donnent à ce sponge cake des allures de véritable éponge des mers sur lesquelles viennent parfois se greffer des algues.

Mordre dedans amplifie la sensation de fraîcheur. C'est comme croquer dans de la chlorophylle, surtout si vous mettez le gâteau quelque temps avant au réfrigérateur. Sa texture souple et aérienne apporte du volume, ce qui rend difficile d'en prendre une bouchée en le portant à vos lèvres. Mais sa texture est si douce qu'il suffit de le déchirer et l'émietter avec les doigts pour le picorer.

Chaque fois que je le réalise pour le goûter, il fait d'abord l'objet de railleries qui prennent très vite fin. Parmi les classiques moqueries qu'il subit, on le traite de laine de verre pour les isolations de mur, on prétend que les temples du Laos sont faits de cette matière, qu'on pourrait réparer les éviers cassés avec, qu'on croirait une éponge pour laver les camions, que c'est du Placoplatre® BA13 (plaque de plâtre épais)... Autant de préjugés et de brimades de la part de ceux qui souvent finissent par reconnaître son caractère réconfortant et le consomment en petit déjeuner, dessert et collation.

GÂTEAU ÉPONGE AU PANDAN

LA RECETTE

PRÉPARATION 20 MIN - CUISSON 45 MIN

LISTE DES INGRÉDIENTS

8 PERS.

- 10 feuilles de pandan
- 3 œufs
- 50 g de sucre en poudre
- 20 ml d'huile de coco
- 50 ml de lait de coco
- 60 g de farine de blé
- 1 c. à c. de crème de tartre

Préchauffer le four à 150 °C. Découper en morceaux une dizaine de feuilles de pandan, ajouter 1 verre d'eau puis mixer. Verser ce mélange dans une passoire et récupérer le jus uniquement.

Séparer les jaunes et les blancs des œufs. Ajouter 10 g de sucre dans les jaunes puis mélanger avec un fouet. Ajouter l'huile et le lait de coco, 30 ml de jus de pandan et mélanger au fouet. Tamiser la farine sur la préparation et mélanger tout doucement avec le fouet. Laisser reposer.

Monter les blancs d'œufs en neige puis ajouter petit à petit 1 c. à café de crème de tartre et 40 g de sucre au fur et à mesure. Monter à nouveau les blancs jusqu'à ce qu'ils soient fermes. Incorporer la moitié des blancs en neige dans la préparation précédente et mélanger délicatement à l'aide d'une spatule en bois. Ajouter ce mélange au restant des blancs en neige puis mélanger très délicatement. Verser la préparation dans un moule rond de 20 cm de diamètre avec un trou au milieu (type moule à savarin). Enfourner pour 45 min.

Sortir le moule et le retourner. Retirer délicatement le tube.

Conseil

Déguster chaud, tiède, froid accompagné d'un bon thé au jasmin ou matcha.

Plats

CHEEZ NAN P.10

SALADE DE PAPAYE PIMENTÉE P.20

LAP SAUMON P.24

SINE HENG OU SINE SAVANH P.28

NEMS AU POULET P.32

SAMOUSSAS AU POULET P.35

BANH MI POULET-CITRONNELLE P.38

BAO BURGER P.43

ROULEAUX DE PRINTEMPS P.48

OKE BOWL P.48

PHÔ AU POULET P.54

HÔ AU BŒUF P.57

KHAO PIAK KHAO P.60

KHAO POUN BŒUF P.64

UÎTRES ET SAUCE GINGEMBRE-PIMENT P.70

MOULES THAÏES P.71

BOUILLON D'AGNEAU CITRONNELLE P.75

KHAO PIAK SEN P.78

BANH XÉO P.82

BANH CUON P.86

BO BUN P.90

KHOUA SINE P.94

POULET CARAMEL P.98

MOK PA (PAPILLOTE DE POISSONS) P.101

BROCHETTES DE BŒUF À LA CITRONNELLE P.104

PHÔ LAT NAT AUX LÉGUMES ET FRUITS DE MER P.112

AR FARCI P.108

KHOUA MI P.114

AD THAÏ AU TOFU P.118

OC LAC P.122

RIZ KHANTONAIS P.124

PHAK BONG P.129

SAUTÉ DE CHOUX CHINOIS P.130

SAUTÉ DE POUSSES DE SO
P.130

Sauces

SAUCE NEMS P.132

TIAOU MAK LEN (SAUCE TOMATE LAOTIENNE) P.13

SAUCE AÏOLI SRIRACHÉE P.132

Plats sucrés

PANCAKES FLUFFY P.14

GALETTE DES KHAN P.18

BOWL CAKE P.49

PANCAKES AUX FLOCONS D'AVOINE P.49

IA BOWL P.50

MI-CUIT CHOCOLAT, GINGEMBRE CITRON VERT P.72

NAM VAN AU PANDAN P.136

AM VAN AUX PERLES
E TAPIOCA P.140

STICKY RICE MANGO P.146

FLEUR DE LOTUS P.150

ÂTEAU DE RIZ
OCO BANANE P.143

GÂTEAU ÉPONGE AU PANDAN P.153

3oissons

COCKTAIL APHRODISIAQUE P.70

SMOOTHIE ANANAS, CONCOMBRE, ÉPINARDS P.50

REMERCIEMENTS

À Nanaï, Ata, Phone, Tonton Pheng, Gaston, Thanom, Médine mon Partner in Cream, à mes premiers critiques culinaires Massoud, Mekka et Genghis.

À la miff, Jo le beauf (c'est toi qui devrait écrire un livre de cuisine réunionnaise), Kéziah (remange du poisson et abandonne tes rouges à lèvre à la graisse de baleine lolll), Souane et Kim Livet, tata Julie (rdv à la Chandeleur), tata Stéphanie, aux familles Lo Van, Zaouiche, Merbouti, Diop et Hamzaoui, Rodrigues et Susunaga, Kaddour, Dallet, Démare-Benrabah, Gémard, Morganti, Barray, Konaté, Fleurié.

À mes amis, Fatima aka Mouche (Team bonnes à 40 piges), Rabha la Negafa (y'a que toi qui me cuisine le Trid comme ça), Véo (du mixed grill de London en passant par l'apéro à Dubaï jusqu'à la prof de yoga de Singapour, t'as percé !), Arouny (à nos soirées poker-phô). À Sarah LeMarchand (vivement la reprise de la tournée des salons de thé), aux Pères Simon, Cédric-Marcel et Anthony Le Flem, nos meilleurs compagnons de table. À Vince, Gigi et Soso du French pain avec qui on a empesté les midis tous les amphis de l'IFSI d'odeur de friture. À Péné (c'est toi qui fait les meilleurs pancakes de Normandie), à Seb aka Colombo aka Charles Ingalls qui fait la best quiche bio ever, Anthony Viennot. À Adé et Amé Comby (les guides Michelin tunisien). À Elodie et Alexis Delahaye (Girls, Girls, Girls !!!). Amal Belabbes Chakor qui cuisine aussi bien qu'elle défile et à son Jeffrey Tarik Chakor. Amina Bench Zidani et Hraf Bench qui me prend pour son guide Michelin. Chilien et Maria Isabella (on veut plus de Empanadas). Ouafae Mameche Belabbes (ma première consultante). Mariam Seck (Le meilleur mafé est de chez toi), Mohamed Hassine (tu m'dois 2 couronnes), Scars le toubib de famille, Adam Monroe (soirée pizza/Malcolm), Chehrazade et Philippe Hauchecorne Arahmane, mes coachs (s'entraîner plus pour manger plus), Alicia et les 40 chocolats, Carine et Miloud Kerzazi, Johan, Rémy et Chichi. Dicé et Felix. John Sulo et Manette 2, Ibouba. Micka Mayeu (« hey t'es pas au pizza mec ! » « Ok google, quel est le meilleur kebab de la ville ? »). Dounia et Tiers (on n'a toujours pas goûté ton légendaire yassa). Hamza et Pirate (Team Kapsalon de Caucri), Oumar, Julien Thollard. Capucine et Matthieu Pecot. Abdelkrim Marchiani et Abdelghafour. Nini et Jean-Marc. Nadège Amours (merci pour les plateaux repas à l'HPE après l'accouchement de Genghis). Nawell Madani (mon premier plateau TV). Clément et Yoko Mazzoni, Sofiane Pamart (la BO de mes stories), SamirLeBabtou (l'amour est dans le pré, saison 2), Florin et Mai-ly, Raphäl Yem, Fathi et l'équipe Le Petit Béret. Sophie et les frères Cheylan. Yves Brua. Jean-Guillaume Panis, Nicolas Couturieux et Olivier Kosta-Thiéfaine. Estelle Bouakkaoui, Kassandra et Andrei.

À mon équipe Alassane Konaté, Fabien Boccheciampe, Ikram Ayata, Clémence Guihard, Corentin Chaves, Florian Lecerf, Jamal Belabbes, Mamar Henni-Mansour, Maxime Masgrau, Alizée Tartaud, Francois Vallée, Cecilia Ndinga (Objectif : Livre d'or ou plus de ventes que le dernier album de Médine au moins, ça m'suffit looool)

À First ÉDITIONS et ses équipes, Rose-Marie di Domenico, Lisa Magano Benziane, Julie Mege. (Qu'est-ce qui vous a pris de croire que j'étais capable d'écrire un livre, on va floper et finir dans les nanars 2021 !)

À toutes les personnes qui m'ont accompagné pour ce projet et donné confiance en moi pour l'achever. Les 155 000 personnes qui suivent nos aventures quotidiennes sur Insta et qui me transmettent beaucoup de bienveillance, vous m'avez permis de dépasser ces barrières psychologiques qui me rendaient incapable de prendre l'initiative d'écrire. Avec certains d'entre vous, nous avons tissé une véritable relation épistolaire emplie de motivation, de conseils positifs et d'échanges. C'est le bon côté des réseaux sociaux qui réunit des étrangers, des inconnus et qui mobilise autour de passions communes. J'espère que vous retrouverez dans ce recueil que vous tenez entre les mains toute l'authenticité et la véracité avec laquelle vous m'avez connue dans la version virtuelle.

Merci profondément pour votre lecture.